# AUGEN AUF!

## Fotografieren auf der Straße

**Augen auf! Fotografieren auf der Straße**



Midas Collection
Ein Imprint der Midas Verlag AG
ISBN 978-3-03876-207-2

1. Auflage

Übersetzung: Claudia Koch
Lektorat: Petra Heubach-Erdmann
Layout: Ulrich Borstelmann
Cover: Agentur 21

Midas Verlag AG
Dunantstrasse 3, CH-8044 Zürich
E-Mail: kontakt@midas.ch
www.midas.ch

Englische Originalausgabe:
Laurence King Publishing Ltd, London


Die deutsche Nationalbibliothek verzeichnet diese Publikation in der Deutschen Nationalbibliografie; detaillierte bibliografische Daten sind im Internet unter www.dnb.de abrufbar.

# AUGEN AUF!

## Fotografieren auf der Straße

Matt Stuart

MIDAS

# VORWORT

Matts Fotografie scheint eine andere Welt zu zeigen: voller außergewöhnlicher Charaktere und Zufälle, aus der Zeit gefallen, um unsere Blicke auf sich zu ziehen. Er lüftet den Schleier der Langeweile und legt unbekannte, spannende Momente frei. Auf den Seiten dieses Buches springen wir von einem Glückmoment zum nächsten und fragen uns, wo sich diese kostümierten Teufel, lebenden Ballons und gigantischen Pfauen verstecken, wenn wir auf der Straße fotografieren.

Matt und ich streben danach, mithilfe magischer Formen für Wunder zu sorgen und damit eine Geschichte über die Realität zu erzählen. Ich bin in meiner Gruppe als Mentalist bekannt, als eine Art Magier: Auf der Bühne lese ich Gedanken und im TV führe ich unwissende Teilnehmer durch psychologische Experimente. Sowohl der Street-Fotograf als auch der Zauberer leben vom menschlichen Wunsch, eine komplexe Realität in ein geordnetes Narrativ zu packen – dasselbe Narrativ, das wir gern mit Objektivität verwechseln.

Ein Zauberer sorgt dafür, dass wir uns anders als in der Realität an den Ablauf eines Tricks erinnern: Wir löschen verschiedene Ereignisse, stellen falsche Verbindungen her und erinnern uns an den Trick so, wie sich der Zauberer das vorstellt. Ebenso ist ein fotografischer Moment, herausgelöst aus dem Ablauf der Realität, eine Art präferenzierte Bildbearbeitung, die anregt, sich eine Story aus limitierten Daten auszudenken. Wir sehen nicht dasselbe wie der Zauberer, wenn wir nicht genau hinschauen oder geradeaus denken; ebenso sind wir dem Fotografen ausgeliefert, der die Zeitlinie außer Kraft setzt und die Story steuert. In jedem Fall resultiert der Effekt aus der meisterhaften Lenkung der Aufmerksamkeit und des Fokus.

An einem zauberhaften Ort verschmelzen Matts Arbeit und Zauberei. In seine Fotos gibt es eine Reihe von Unwahrscheinlichkeiten und es wirkt, als fotografiere Matt andere Straßen als wir. Ebenso umgibt die Magie den Darsteller mit einer besonderen Aura. Über die Zauberei sagte Jim Steinmeyer: »Ein Zauberer bewacht einen leeren Safe.« Was er meint, ist, dass wir die Geheimnisse unseres Handwerks schützen, nicht weil sie gefährlich und aufregend, sondern weil sie fast immer lächerlich einfach sind. Die Diskrepanz zwischen Wirkung und Methode macht die Magie zu einem hervorragenden Beispiel für die trügerische Natur dessen, was oft als »Talent« bezeichnet wird. Matt verabscheut das Wort, da er Talent als eine Illusion betrachtet, die nur durch wiederholte, sogar banale, harte Arbeit entsteht. Wie hier deutlich wird, sind es seine unermüdliche Ausübung des Handwerks, seine positive Einstellung und seine einzigartige Perspektive, die seine Arbeit zur Kunst erheben und dieses witzige, fesselnde Paralleluniversum schaffen.

Matts Trick ist die Beharrlichkeit. Und damit inspiriert er andere.

Dieses Buch ist also ein Aufruf an uns alle, weiter Bilder zu machen und darüber nachzudenken, wie wir sie machen, denn das Glück, das sich Matt auf fast übernatürliche Weise zunutze zu machen scheint, kommt in erster Linie von harter Arbeit. Die Illusion mag magisch sein, aber die Mittel sind irdisch. Um beharrlich zu sein, müssen wir lieben, was wir tun, und neue Wege finden, es zu lieben.

Als ich Matt zum ersten Mal traf, sprachen wir über ein ewiges Problem: die heimliche Unbeholfenheit beim Fotografieren auf der Straße. Er sagte mir, wenn er sich beim Fotografieren schuldig fühle, würden die Leute eher Anstoß daran nehmen. Wenn er diesen Menschen jedoch mit Liebe begegnet, stößt er auf weitaus weniger Einwände. Matt selbst ist eher leicht und beschwingt und scheint von einer positiven Energie durchdrungen zu sein. Diejenigen von uns, die mit unbeholfener Zurückhaltung zu kämpfen haben, können nur von ihm lernen und ihr Bestes geben.

Matt fotografiert keine fremde Welt, sondern unsere eigene, die uns jeden Tag begrüßt und in der wir leben. Und es gibt so viel mehr zu sehen, als man auf den ersten Blick wahrnimmt.

**Derren Brown, 2020**

# INHALT

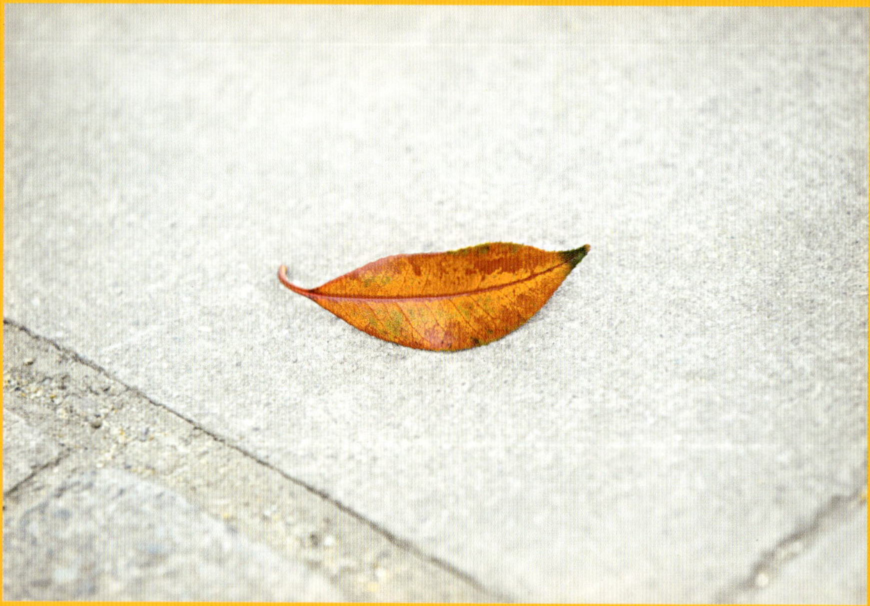

Wrentham Avenue, London, 2013

Kapitel I

# BITTE RECHT FREUNDLICH

## Eine positive Einstellung ist der Schlüssel zu großartigen Bildern

Da draußen in der Welt großartige Fotos zu machen, kann überwältigend sein. Die Welt – die große Unbekannte. Wenn Sie sich zu sehr unter Druck setzen, lähmen Sie sich. Bleiben Sie besser optimistisch und hoffnungsvoll.

Eine positive Einstellung ist der Schlüssel zu großartigen Fotos. Wenn man mit der Erwartung loszieht, interessante Bilder zu sehen, hat man mehr Glück. Wie der große Fotograf und Kurator John Szarkowski sagte: »Das Glück ist der beste Lehrer des aufmerksamen Fotografen.« Mein Credo ist: Aufstehen, rausgehen und Dinge finden. Ich versuche, Faszination und Begeisterung für das Leben zu wecken.

Glück heißt, die Augen und den Kopf einzuschalten, aber selbst wenn es kitschig klingt: Sie müssen auch das Herz einschalten – die Liebe zu den Dingen. Liebe ist ein Wort, das ich nicht so gerne verwende, weil es überstrapaziert wird, aber es hilft, sein Einfühlungsvermögen einzusetzen und eine Affinität zu dem zu empfinden, was man sich ansieht. Bedenken Sie, wie viel Glück wir haben, mit einem schwarzen Kasten herumzulaufen, Dinge zu sehen, sie aufzuzeichnen und mit nach Hause zu nehmen. Das ist ein Privileg.

**»Eine positive Einstellung ist der Schlüssel zu großartigen Fotos. Wenn man mit der Erwartung loszieht, interessante Bilder zu sehen, hat man mehr Glück.«**

Für die Street-Photography ist eine positive Einstellung erforderlich, denn, um den Fotografen Alex Webb zu zitieren, »bei der Straßenfotografie geht es zu 99,9 Prozent ums Scheitern«. Folgender Auszug aus seinem Buch *On Street Photography and the Poetic Image* (mit der Co-Autorin Rebecca Norris Webb) verweist auf die mentale Stärke, die jeder Street-Fotograf entwickeln und innehaben muss: »So oft fühle ich mich von der Straße besiegt. Manchmal stelle ich jedoch fest, dass, wenn ich weiterlaufe, weiter schaue und mich weiter anstrenge, schließlich etwas Interessantes passiert ... Hin und wieder, am Ende des Tages, wenn ich am meisten erschöpft und hungrig bin, ergibt etwas – ein Lichtstrahl, eine unerwartete Geste, eine seltsame Gegenüberstellung – plötzlich ein Foto.«

Auch wenn Sie kein Optimist sind, ist es möglich, sich eine positive Einstellung zu verordnen. Wünschen Sie sich Glück. Entwickeln Sie ein Mantra: »Ich werde Glück haben, ich werde Glück haben, ich werde Glück haben. Ich glaube fest daran, dass man sein Glück selbst machen kann.« Mein Freund, der Fotograf Blake Andrews, hat einmal gesagt: »Wenn du keine guten Fotos erwartest, wirst du sie auch nicht sehen. Wenn man sie erwartet, sind sie überall.«

Es wird natürlich Zeiten geben, in denen der Motor stockt, und das ist in Ordnung. Es gibt eben gute und schlechte Tage. Aber an den Tagen, an denen Sie gut sein wollen, gehen Sie mit erhobenem Haupt hinaus und begrüßen alles – von einem Riss im Bürgersteig bis zu einem Blatt, das wie ein Lächeln aussieht.

## PROBIER'S

**Zögere nicht, auch dann den Auslöser zu drücken, wenn das Bild nicht perfekt ist. Sage »Ja« und bleibe wach und denke nicht zu viel nach.**

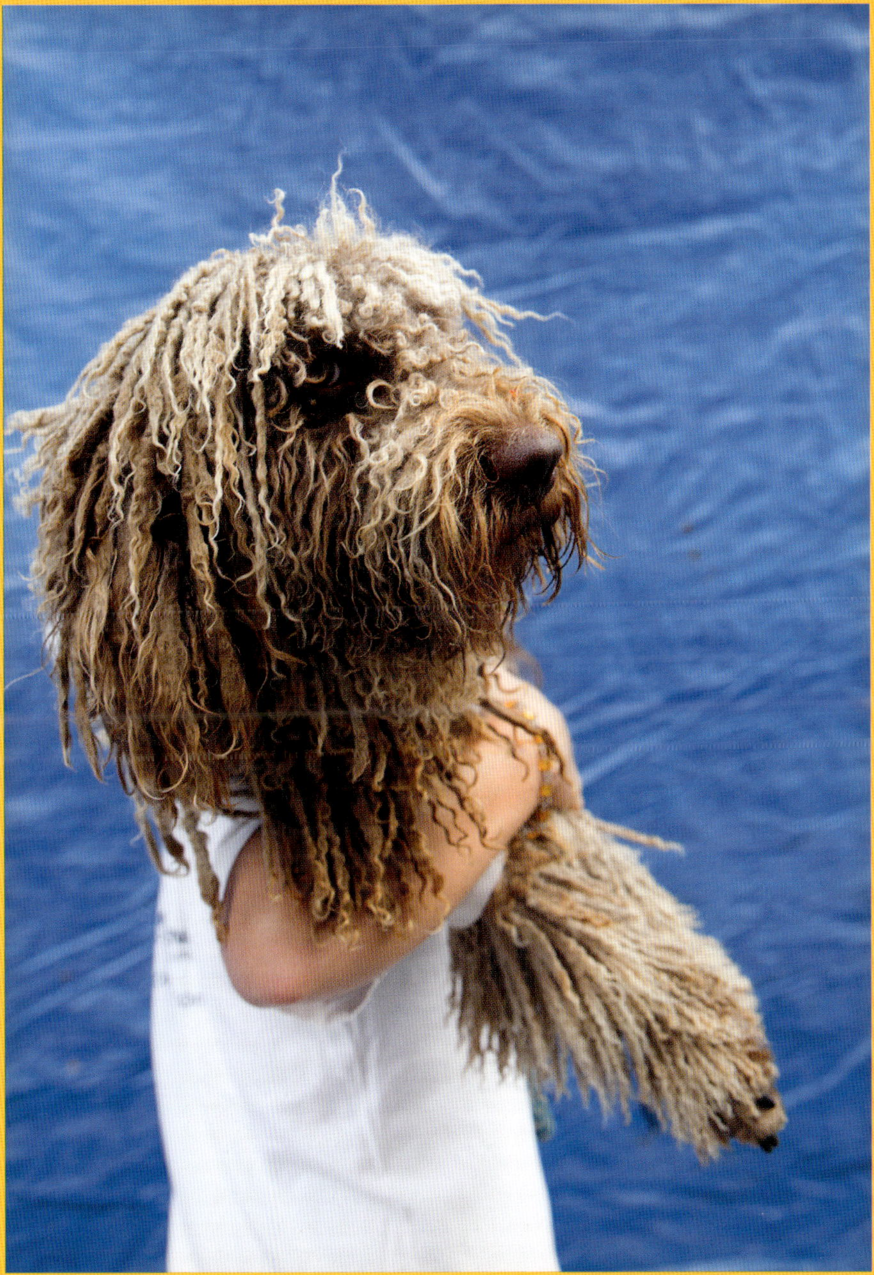

Buñol, Spanien, 2017

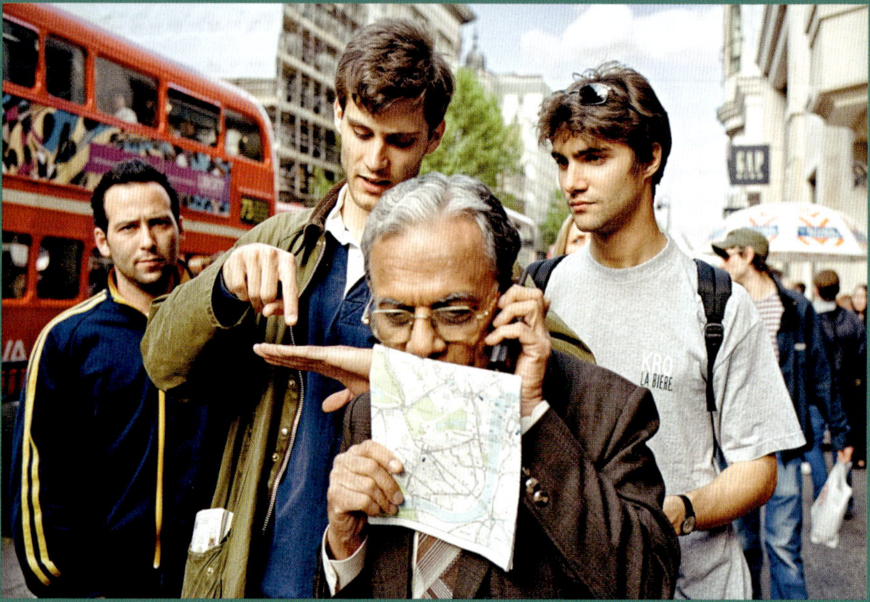


Oxford Circus, London, 2005

# FLOW

## Sich selbst finden und verlieren

Wenn Sie auf der Straße fotografieren, ist das eine Zeit, in der Sie in sich selbst eintauchen können. Es ist eine Chance, alles andere hinter sich zu lassen. In einem Sinne ist man in das, was man tut, vertieft, aber gleichzeitig ist man sich des Geschehens völlig bewusst, ist aufmerksam und einsatzbereit.

Wenn Sie auf der Straße fotografieren, haben Sie das Gefühl, Ihren Fluss, Ihren Rhythmus zu finden – Sie kommen sozusagen in Schwung. Und als jemand, der den größten Teil seines Lebens auf dem Gehweg verbracht hat, zunächst als BMXer und Skateboarder und dann als Fotograf, habe ich gelernt, mich auf das große Unbekannte einzustellen, das das Leben auf der Straße ist.

Wenn ich unterwegs bin und fotografiere, gibt es drei verschiedene Ebenen des Engagements. Die erste hat damit zu tun, dass ich »auf Patrouille« bin – ich überblicke die Szene und bekomme ein Gefühl dafür. Die zweite: Ich bin involviert, aber nicht voll dabei. Und die dritte ist, dass ich völlig wach bin und mich ganz auf Blicke, Gesten, Mimik und Gefühle einstelle. Dabei vergesse ich alles andere. Ich springe oft zwischen diesen Bewusstseinszuständen hin und her, aber wenn ich etwas sehe, das mein Interesse weckt, wechsle ich schnell zu Stufe drei.

**»Dieses Gefühl, seinen Fluss, seinen Rhythmus zu finden – Sie kommen in Schwung, wenn Sie auf der Straße fotografieren.«**

Studenten fragen mich manchmal, ob es eine gute Idee ist, sich zu verirren – das heißt, sich an einen Ort zu begeben, den man nicht kennt. Das kann zu guten Bildern führen, aber man muss im Voraus wissen, ob der Ort etwas hergibt oder nicht, ob es viele Gelegenheiten zum Fotografieren gibt. Man entwickelt ein Gefühl dafür, wie und warum ein Ort »gut« ist, wenn man viel Zeit dort verbringt, ihn auskundschaftet und immer wieder fotografiert. Der Oxford Circus im Herzen von London ist für mich ein solcher Ort, den ich seit mehr als 20 Jahren immer wieder fotografiert habe. Ich bin zwar dafür, umherzuziehen und neue Orte zu entdecken, aber es kann auch hilfreich sein, das Gebiet, in dem man fotografiert, zu kennen – die Hotspots ebenso wie die Orte, die weniger ergiebig sind.

Manchmal werde ich gefragt, ob das Tragen von Kopfhörern eine gute Methode ist, um in die richtige Stimmung zu kommen. Da fällt mir ein Zitat des schweizerisch-amerikanischen Fotografen Robert Frank ein: »Das Auge sollte lernen, zuzuhören, bevor es schaut.« Wenn Sie Kopfhörer tragen, besteht die Gefahr, dass Sie etwas verpassen. Meistens hört man etwas, bevor man es sieht, deshalb empfehle ich Kopfhörer nicht. Sie müssen wachsam sein.

Mit der Kamera herumzulaufen mag sich anfühlen, als würde man nichts tun, aber das »Nichtstun« kann eine sehr aktive Zeit sein. Jedes Mal lernen Sie ein wenig besser, wie Sie sich an Orte begeben, an denen Sie gute Bilder machen können, und warum sich das eine besser fotografieren lässt als das andere. Nehmen Sie sich die Zeit, hinauszugehen und zu schauen, denn Sie werden nicht nur schauen, sondern auch fühlen – das ist ein sehr wichtiger Teil des Prozesses –, wie Sie nicht nur körperlich, sondern auch geistig reagieren.

## PROBIER'S

**Stelle dich mit dem Rücken zum eigentlichen Ereignis und fokussiere auf die Zuschauer. Der große Fotograf Elliott Erwitt sagte: »Nachdem ich der Menge eine Weile gefolgt bin, habe ich mich um 180 Grad gedreht. Für mich hat das immer funktioniert.«**

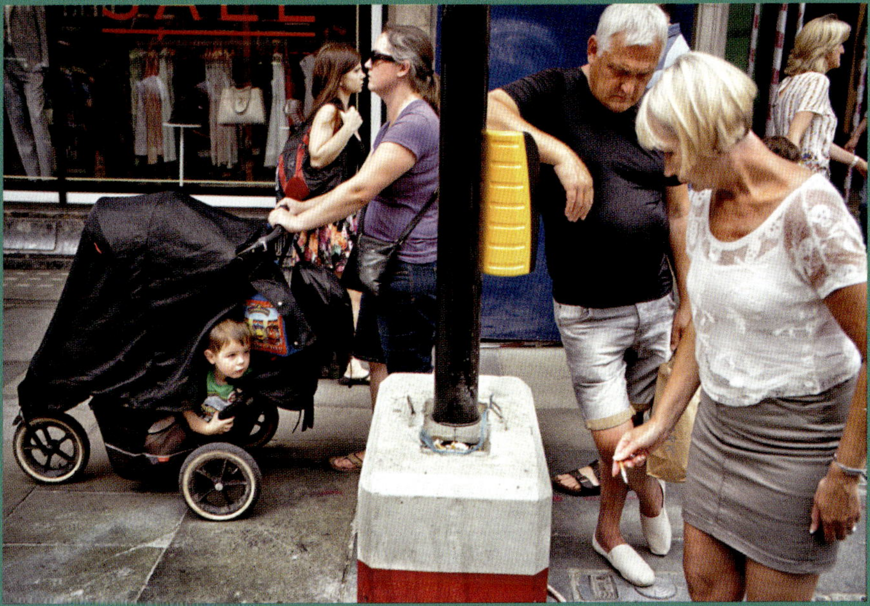

Regent Street, London, 2015

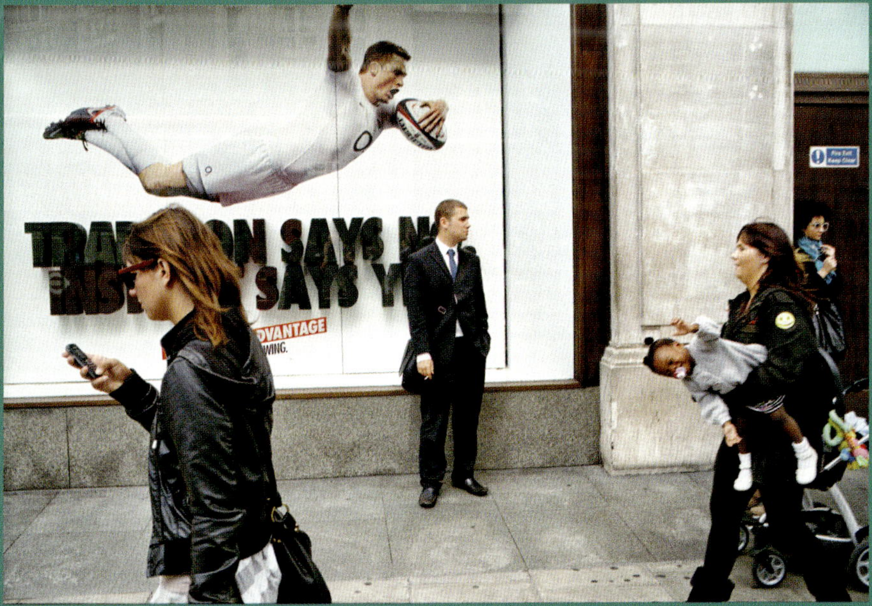

Oxford Circus, London, 2011

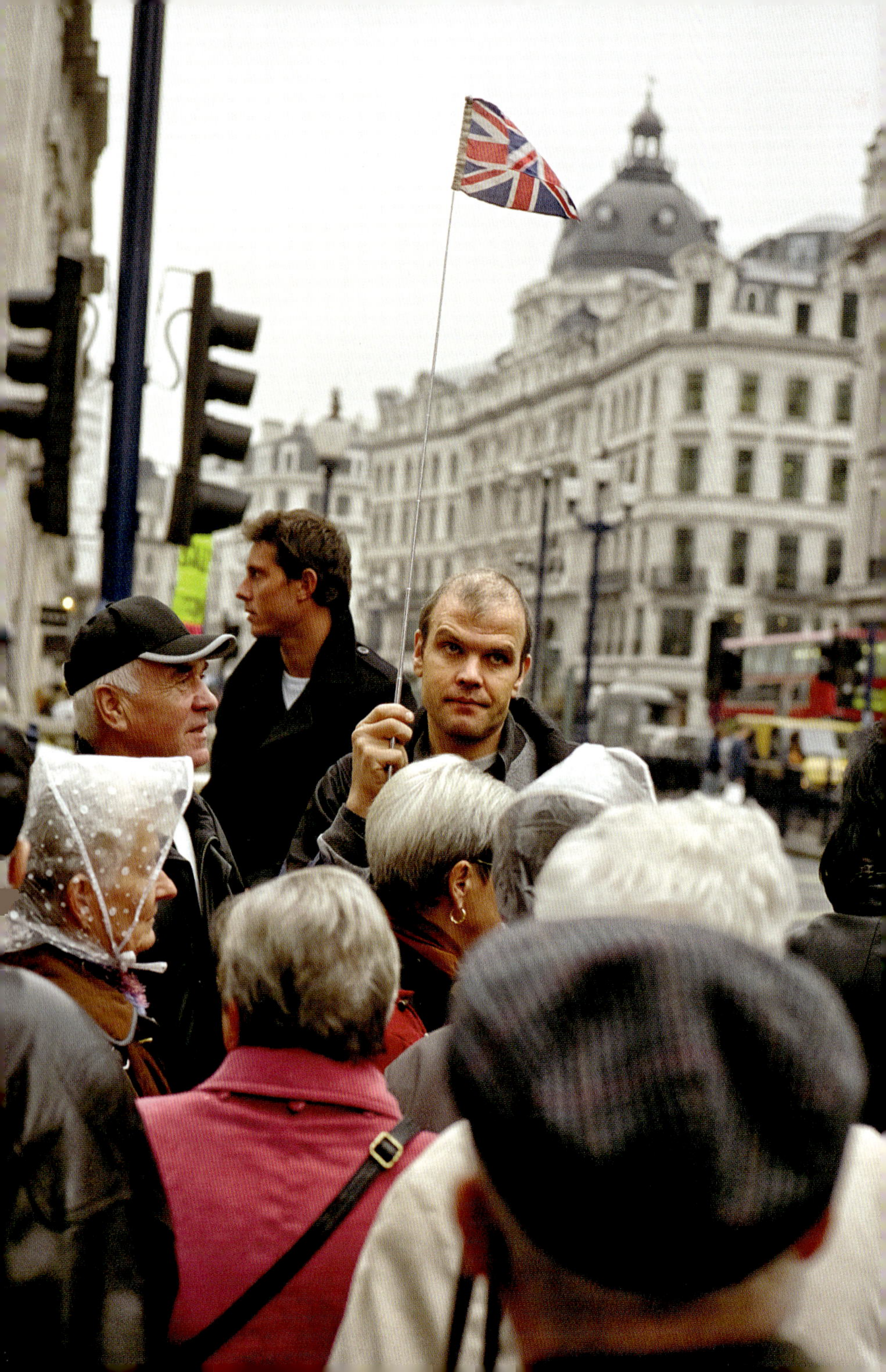

Kapitel 3

# MIESES WETTER, GUTE FOTOS

## Seien Sie kein Schönwetterfotograf

Tragen Sie immer eine Kamera mit sich herum – bei schönem Wetter, aber auch an regnerischen Tagen, bei Schnee und bei starkem Wind – Sie wissen nie, was Ihnen begegnet.

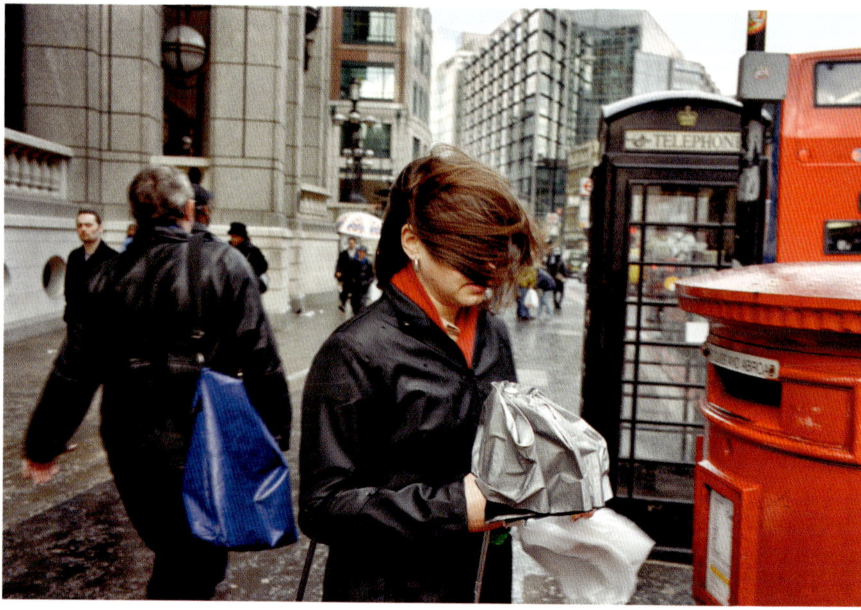


**Seite 16** Broadgate, London, 2007 **Oben** Oxford Circus, London, 2006

Wenn am frühen Morgen die Sonne durchs Fenster scheint, ist es nicht schwer, die Energie aufzubringen, die Kamera zu schnappen und nach draußen zu gehen. Aber an Tagen, an denen das Wetter nicht so schön ist, wird das zu einer echten Herausforderung. Doch in Wahrheit gibt es so etwas wie einen Schlechtwettertag nicht, denn selbst an regnerischen oder stürmischen Tagen können gute Bilder entstehen.

Einige der besten Bilder entstehen, wenn es regnet, weil die Leute lustige Dinge tun, wie z. B. ihren Kopf mit einer Zeitung bedecken, in dem vergeblichen Versuch, trocken zu bleiben, oder sich unter einem Überhang zusammenkauern und immer wieder hinausschauen, in der Hoffnung, dass der Regen nachlässt.

Der Tag, an dem ich das Bild eines Hundes machte, der sich in einem Auto zu amüsieren scheint (Seiten 20–21), ist ein typisches Beispiel dafür. Damals wohnte ich im Londoner Barbican-Estate; es war Sonntag, es regnete und ich war verkatert. Ich brauchte dringend ein Alka-Seltzer, schleppte mich auf die Aldersgate Street in Richtung Apotheke. Ich steckte trotzdem meine kleine Kamera ein, obwohl ich mir ziemlich sicher war, dass nichts passieren würde, aber wer wusste das schon? Ich wollte die Straße überqueren, und an der Ampel stand ein Cabrio mit offenem Dach – im Regen. Hinten (obwohl es so aussah wie vorne) saß eine Deutsche Dogge – die größte, die ich je gesehen habe. Sie saß stolz da und schaute mir hinterher, als ich die Straße überquerte.

Schnell holte ich die Kamera heraus, stellte mich vor das Auto und schoss zwei oder drei Fotos. Die Leute im Auto sahen mich erstaunt an, also sagte ich: »Ich mag Ihren Hund!« Sie sagten: »Danke, vielen Dank.« Und ich ging los, um mein Alka-

Seltzer zu holen, nicht ganz sicher, ob ich immer noch betrunken war und mir die ganze Begegnung eingebildet hatte.

Am nächsten Tag brachte ich den Film ins Labor, denn damals, als ich noch mit Film arbeitete, hatte ich es immer eilig; ich wollte wissen, ob die Aufnahme geklappt hatte oder nicht. Als ich den Film zurück-

**»Wenn Sie Ihre Kamera nicht immer dabeihaben, ... sind Sie nur jemand, der etwas gesehen hat und anderen davon erzählt.«**

bekam, sah ich dieses Bild von der Dogge, die aussieht, als würde sie ein Cabrio steuern. Der Hund war wahrscheinlich schon Tausende Male fotografiert worden und war es inzwischen gewohnt. Das Bild verwendete ich etwa sechs Monate später in einer Mappe fur den Guardian.

Etwa eine Woche nach der Veröffentlichung des Bildes erhielt ich einen Anruf von den Hundebesitzern. Es ist immer etwas nervenaufreibend, wenn sich jemand meldet und sagt: »Hallo, haben Sie dieses und jenes Foto gemacht?«, weil man denkt: »Oh je, wo führt das hin?« Ich antwortete, ich hätte es tatsächlich aufgenommen, und sie fragten, ob es möglich wäre, einen Abzug zu bekommen, weil es ihnen so gut gefiel und weil Joe, der Hund, gestorben war. Es sei kein Problem, einen Abzug zu schicken, sagte ich, und so wurde Joe, die Dogge, verewigt.

Die Moral von der Geschichte ist also, immer eine Kamera dabeizuhaben – an Schönwettertagen, bei Regen, Schnee, Wind, immer, denn man weiß nie, was auf einen zukommt. Wenn Sie nicht immer eine Kamera dabeihaben, sind Sie nicht wirklich ein Fotograf, sondern nur jemand, der etwas gesehen hat und anderen davon erzählt.

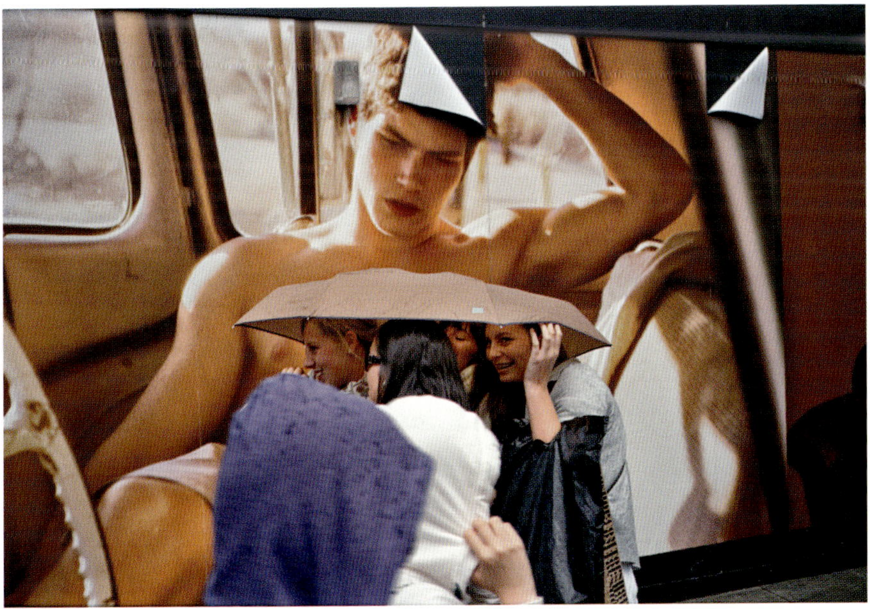

Oxford Street, London, 2008

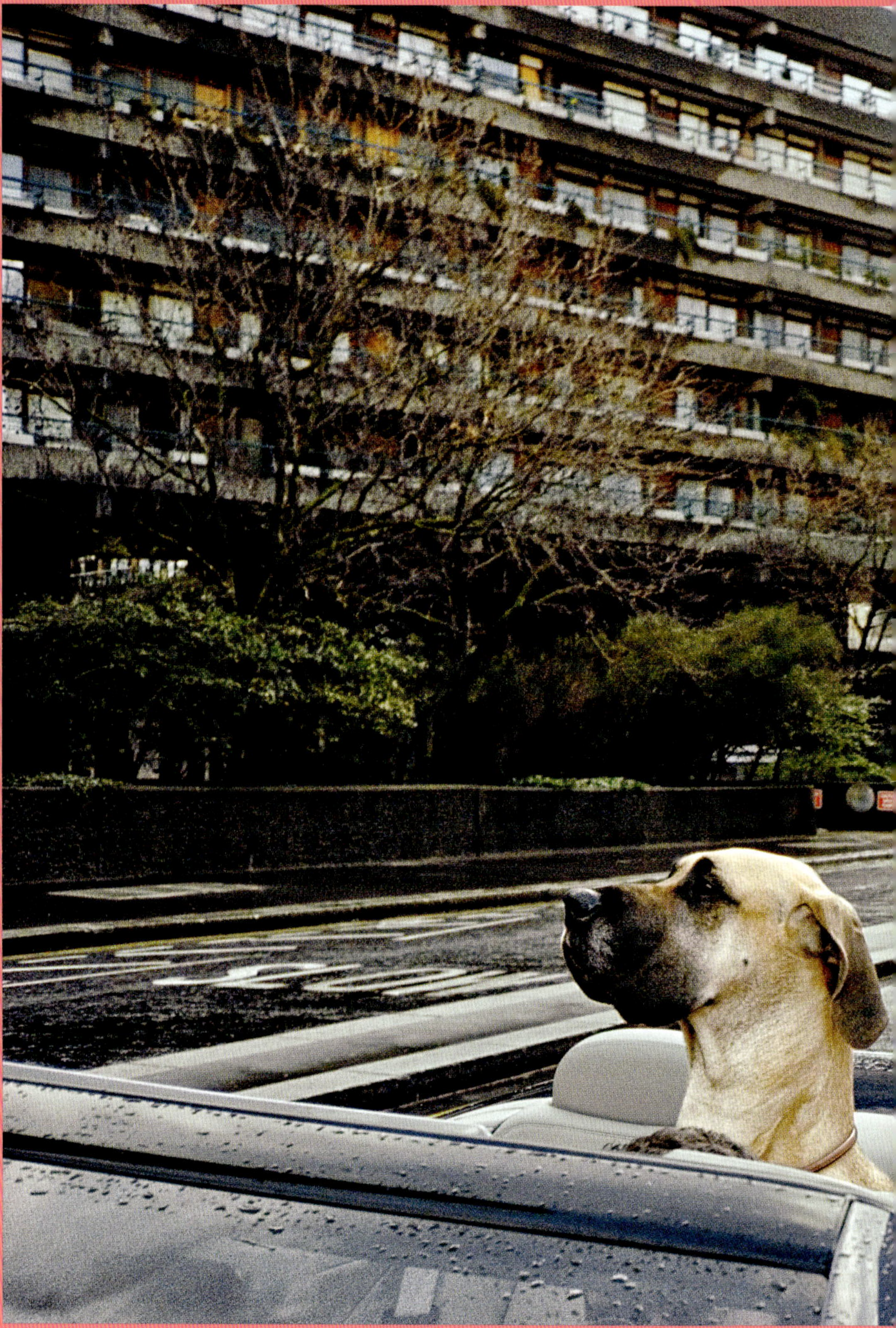

Aldersgate Street, London, 2006

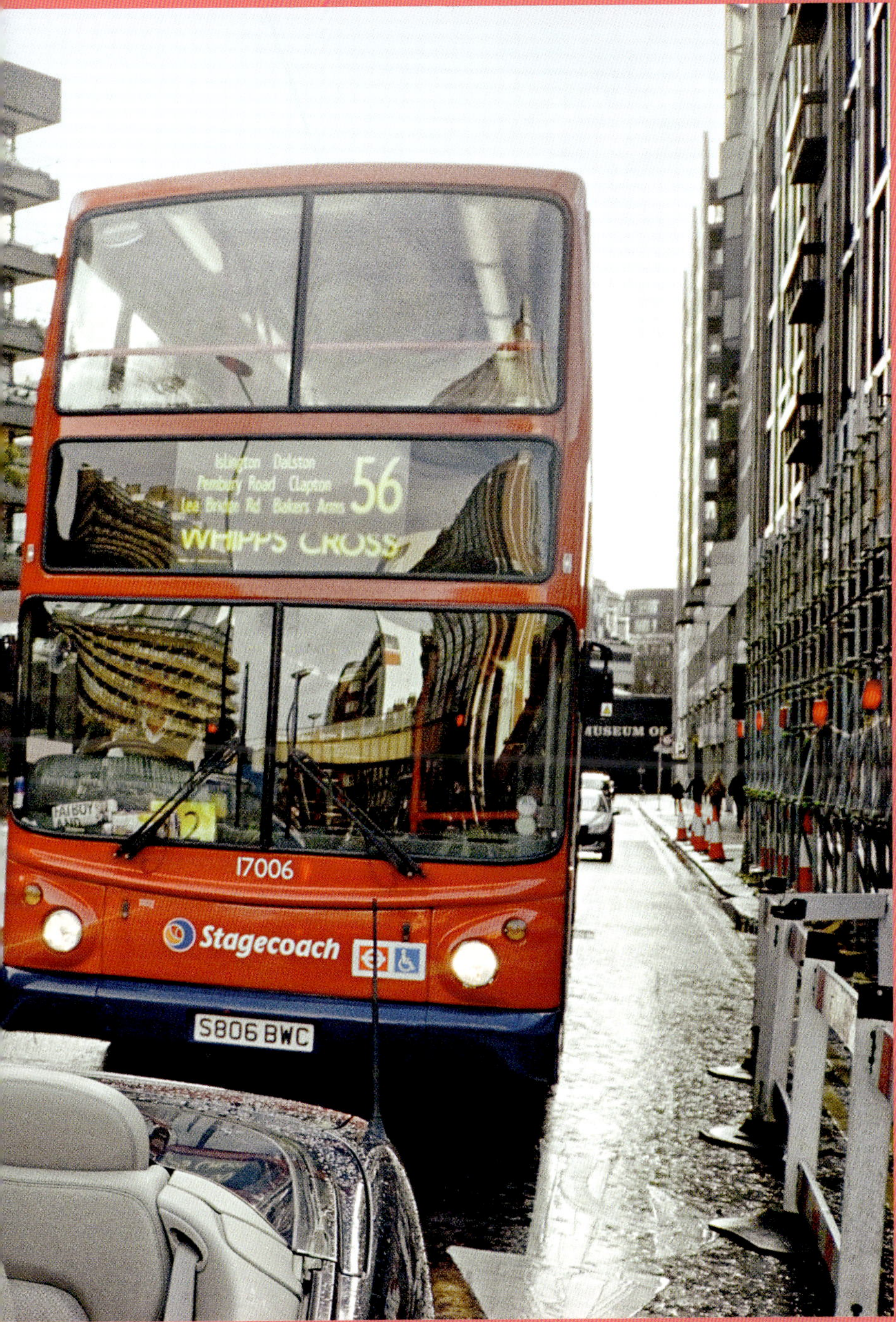
Islington Dalston
Pembury Road Clapton
Lee Bridge Rd Bakers Arms
56
WHIPPS CROSS
MUSEUM OF
17006
Stagecoach
S806 BWC

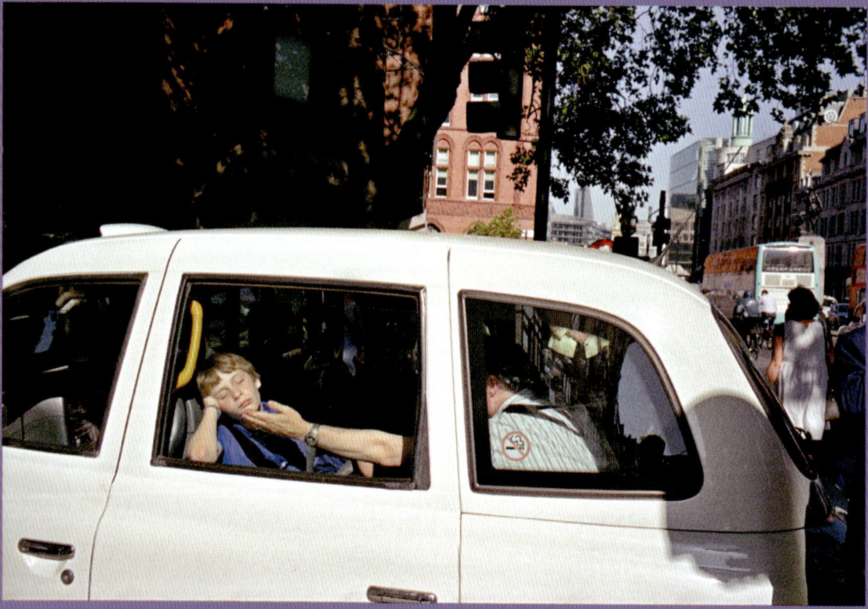

Theobald's Road, London, 2014

Kapitel 4

# RUHIG BLEIBEN

## Schnell denken, langsam bewegen

Auf der Straße wissen Sie nie genau, womit Sie es zu tun haben. Sie müssen sich auf das einstellen können, was Ihnen begegnet. Überstürzen Sie nichts – achten Sie auf Ihre Körpersprache und bleiben Sie ruhig.

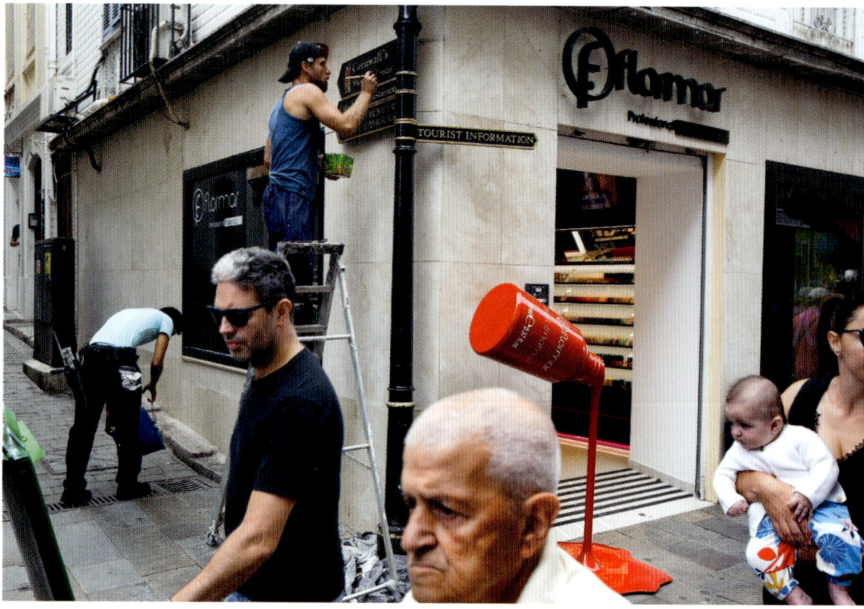


Gibraltar, 2017

Als ich mit Mitte zwanzig die Fotografie entdeckte, war ich richtig heiß darauf. Das bin ich immer noch, aber am Anfang habe ich das jeden Tag gemacht, acht Stunden lang, jahrelang. Mein Vater, der gerne fotografierte, hatte mir zwei Bücher geschenkt – eines über Robert Frank, das andere über Henri Cartier-Bresson. Wenn Cartier-Bresson die Beatles der Fotografie in einer Person ist, ist Frank die Rolling Stones.

Ich arbeitete damals in einem Callcenter und musste wütende Menschen beruhigen. Ich hatte die Bücher auf meinem Schoß und blätterte sie immer wieder durch, denn die Fotos dieser großen Künstler konnten mich von all dem wegholen. Ich verliebte mich wahnsinnig, Hals über Kopf in die Fotografie. Von diesem Zeitpunkt an wusste ich, dass ich mich ihr ein Leben lang widmen würde.

Im Laufe der Jahre habe ich gelernt, mich in Menschenmengen einzufügen und unbemerkt durch sie hindurchzugehen, sodass ich fotografieren kann. Ich muss nicht mit den Leuten reden, und, das ist absolut nett gemeint, ich will nicht wirklich mit Leuten reden, weil ich damit beschäftigt bin, in meinem Kopf die Bilder zu produzieren. Wenn mich aber jemand beim Fotografieren erwischt, erkläre ich gern, warum ich das Foto gemacht habe, oder frage, ob ich weiter fotografieren darf.

**»Bei der Street-Fotografie geht es nicht um Regeln. … Lassen Sie sich nicht voschreiben, was Sie tun sollen. Machen Sie, was sich für Sie richtig anfühlt …«**

Bei der Street-Fotografie geht es nicht um Regeln, und dies ist definitiv kein Regelbuch. Die Leute stellen ständig Regeln auf, wenn sie fotografieren: Du darfst mit niemandem sprechen, du musst mit 35 mm fotografieren, du darfst nicht aus der Hüfte fotografieren, du darfst kein Blitzlicht oder Schwarz-Weiß verwenden. Lassen Sie sich nicht vorschreiben, was Sie tun sollen. Machen Sie das, was sich für Sie richtig anfühlt, und Ihre Stimme wird sich durchsetzen. Lassen Sie sich nicht von den Gedanken oder Vorurteilen anderer beeinflussen, wer Sie sein oder was Sie tun sollten. Finden Sie Ihre eigene visuelle Sprache.

Ich habe viele Ansätze ausprobiert. Ich bin um die Leute herumgegangen, habe mich ihnen absichtlich in den Weg gestellt. Ich habe eine Phase durchgemacht, in der ich Leute sanft angerempelt habe, um zu sehen, wie sie reagieren würden. Sie können sich denken, wie ... Das ist eine Weile her, und es war ein kurzlebiges Experiment. Worauf ich immer wieder zurückkomme, ist, physisch langsamer zu werden – nicht zu hetzen, sondern schnell zu denken. In mir rattert es, aber äußerlich bin ich die Ruhe selbst. Man entdeckt Sie schon von Weitem, wenn Sie hektisch sind.

Körpersprache ist ebenfalls wichtig. Ich gehe häufig weit in die Knie, fast wie bei einer Verbeugung, und ziehe meine Ellbogen ein (es gibt nichts Schlimmeres als einen Fotografen, der mit den Ellbogen herumfuchtelt). Eine bescheidene Haltung ist subtiler. Ich trage meist gedeckte Farben – ich möchte nicht auffallen. Wenn es um die Art der Fotografie geht, bei der man den Leuten mit einem harten Blitz ins Gesicht springt, überlasse ich das Bruce Gilden oder Mark Cohen. Gilden hat seine Autorität in diesem Bereich unter Beweis gestellt, ich selbst würde es nicht tun. Das soll nicht heißen, dass man seinen Motiven nicht nahe kommen kann. Das tue ich auch, ziehe nur weniger Konfrontation vor. Für mich ist es am schönsten, wenn ich ein paar Sekunden lang nur wenige Zentimeter vom Gesicht einer Person entfernt bin und ein Foto machen kann, ohne dass sie mich überhaupt bemerkt. In dieser Situation »lebt« man einen Moment lang mit der Person und hält die Zeit fest, die man mit ihr verbracht hat. Es gibt nichts Vergleichbares.

**»Lassen Sie sich nicht von den Gedanken oder Vorurteilen anderer Leute prägen ... finden Sie Ihre eigene visuelle Sprache.«**

## PROBIER'S

**Suche dir zum Fotografieren in einer Stadt möglichst breite Fußwege aus, denn dort hast du mehr Platz zum Ausweichen und Abtauchen. Achte darauf, wie du dich bewegst und wie das deine Fotos beeinflusst.**

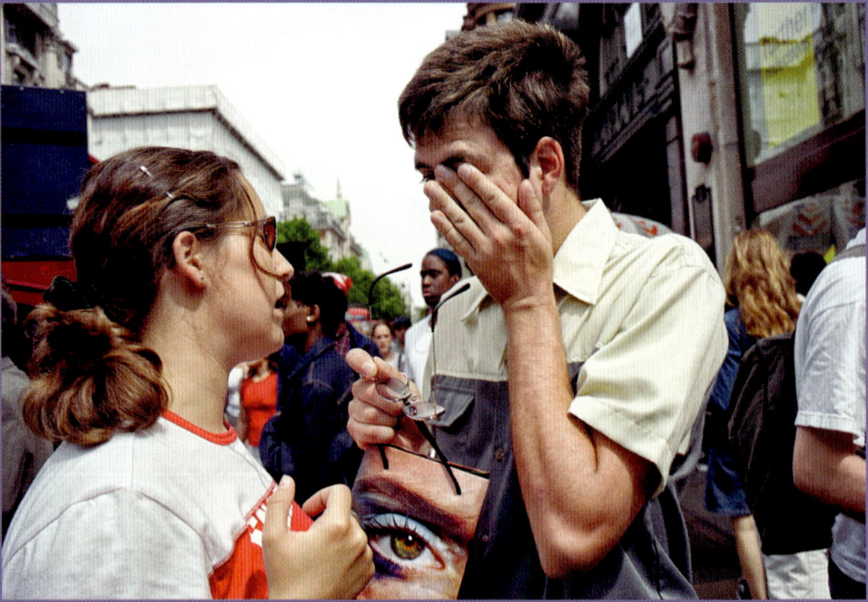

Oxford Circus, London, 2009

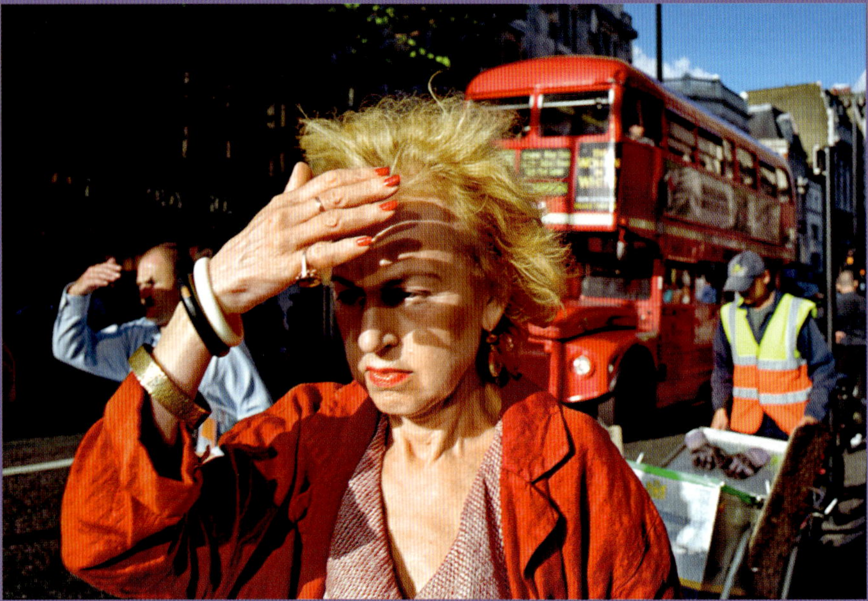

Oxford Street, London, 2004

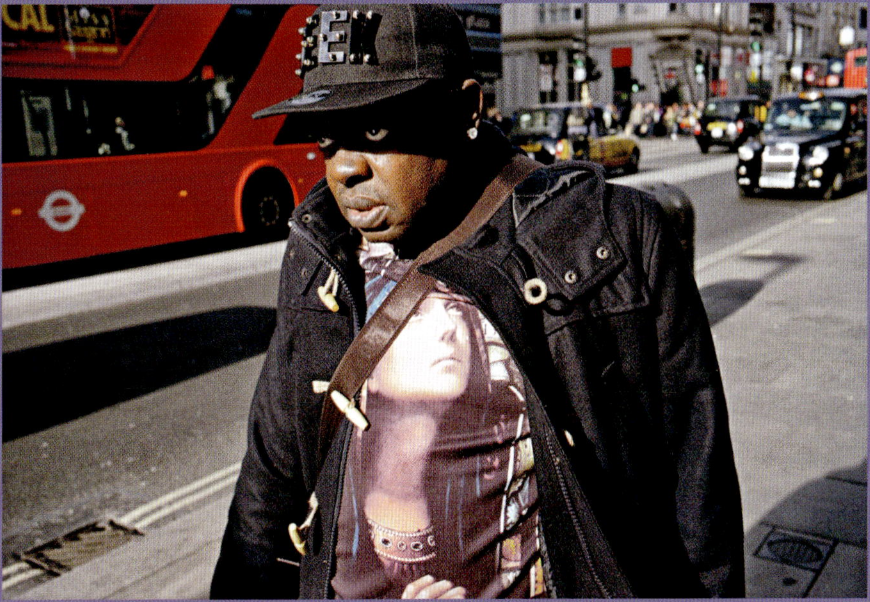

Oxford Street, London, 2014

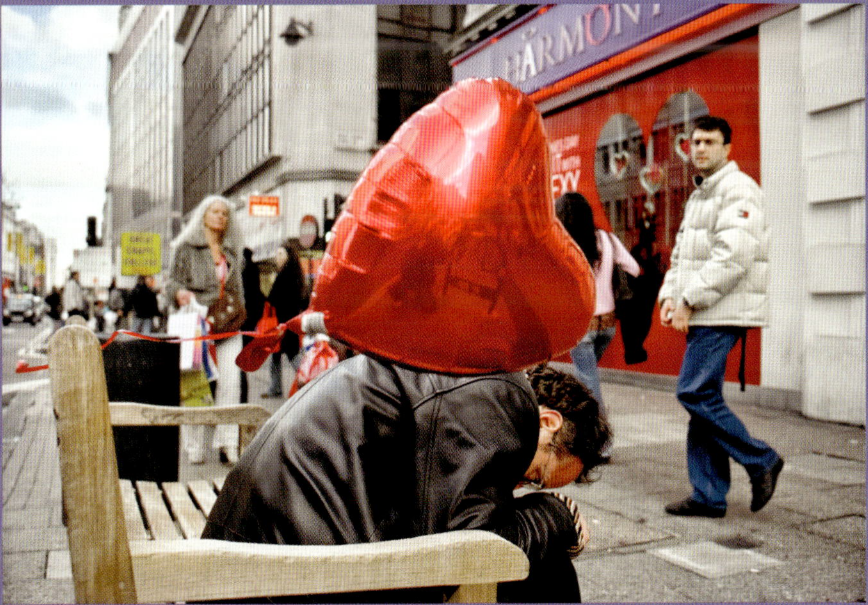

Oxford Street, London, 2008

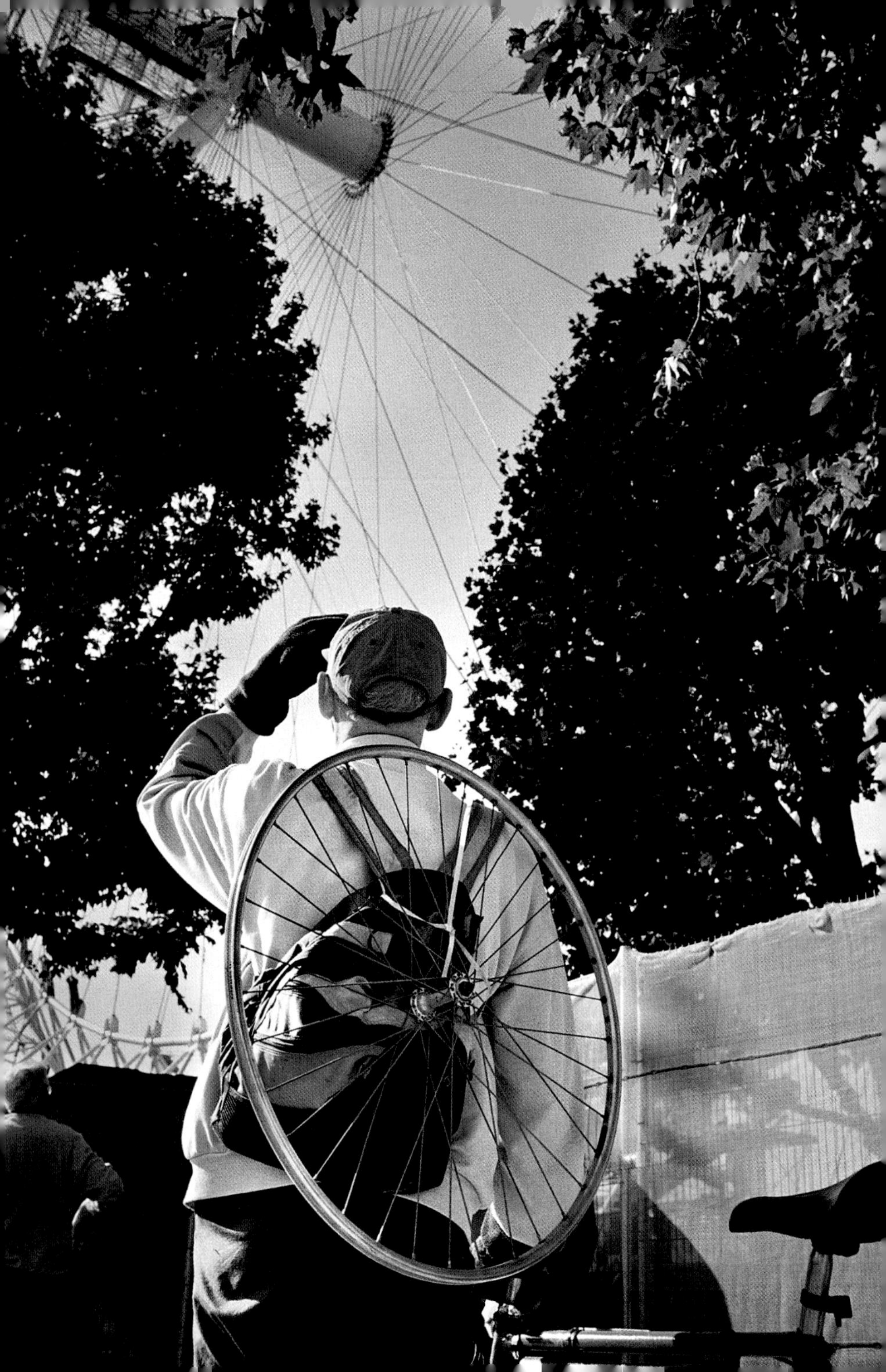

Kapitel 5

# WENN ES NICHT AUF ANHIEB KLAPPT …

## Üben, üben, üben

Street-Fotografie ist eher das Ergebnis intensiver Arbeit als nur Glückssache. Sie müssen sich darauf einlassen, Stunden auf der Straße zu verbringen und zu lernen, »Ja« statt »Nein« zu sagen, wenn Sie erfolgreich sein wollen.

Nie habe ich die alte Maxime »Übung macht den Meister« besser verstanden als bei der Street-Fotografie. Sie müssen Stunden investieren, die Fußwege belagern und sich eine Gewinner-Mentalität zulegen, wenn Sie es zu etwas bringen wollen.

Das Rad-Foto auf Seite 28 ist ein gutes Beispiel dafür, dass Sie bekommen, was Sie investieren. Ende 1999, das London Eye wurde gerade gebaut. Ich fotografierte zwar seit etwa drei Jahren, war aber unerfahren. Durch einen Workshop mit dem Magnum-Fotografen Leonard Freed fühlte ich mich inspiriert. Ich überquerte den Fluss an einem Freitag und fotografierte die Arbeiter, die das Rad aufstellten, aber es passierte nichts, was ein Bild ergeben hätte. Am Samstag ging ich noch einmal hin. Es waren viele Touristen da, fotografieren konnte ich nicht viel. Am Sonntag, um die Mittagszeit, tauchte ein Mann mit einem Rad auf dem Rücken auf, sah sich das London Eye eine Weile an, stieg dann wieder auf sein Fahrrad und fuhr davon. Ich war ganz aus dem Häuschen.

Der Moment war perfekt, aber ich war nervös. Am Ende hatte ich 20 Bilder, die meisten davon unscharf, nur eines brauchbar. Zum ersten Mal konnte ich mich als Fotograf bezeichnen – mein erstes »gelungenes« Foto.

**»Nie habe ich »Übung macht den Meister« besser verstanden als bei der Street-Fotografie.«**

Gute Fotos entstehen nicht sehr oft. In einem guten Jahr habe ich vielleicht zehn Bilder, die etwas Besonderes sind. Sie sind schwer zu bekommen, aber wenn Sie sich anstrengen, ist es wahrscheinlicher, dass Sie Glück haben.

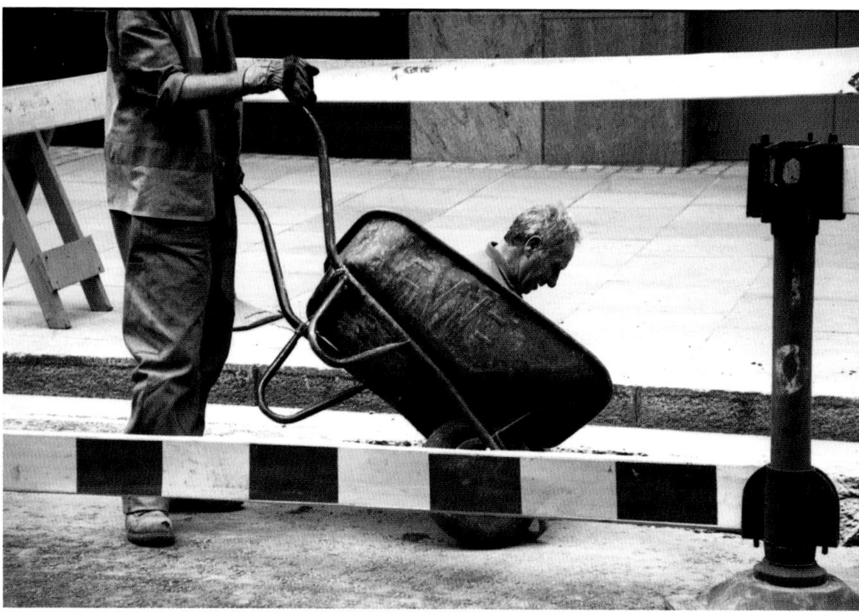

**Seite 28** Jubilee Gardens, London, 1999 **Oben** Silk Street, London, 2002

Wenn Sie glauben, Sie könnten mit einer Kamera losziehen, die sieben Wochen im Schrank gelegen hat, wird das nicht passieren. Am wichtigsten ist, sich Zeit zu nehmen – keine negative Zeit, sondern Zeit, die man genießt, Zeit, in der man an der frischen Luft ist. Es ist eine Investition – je mehr Sie investieren, desto mehr wird es sich auszahlen.

In Outliers: The Story of Success (2008) hat der Autor und Journalist Malcolm Gladwell die »1.000-Stunden-Regel« vorgestellt, nach der Sie mindestens 1.000 Stunden intensiv üben müssen, bis Sie etwas gut können. Zwar wurde Gladwells Theorie intensiv hinterfragt und kritisiert, dennoch ist seine Grundannahme unbestritten.

Letztlich geht es darum, die Angst zu überwinden: etwas nicht gut zu können, aber auch die Angst davor, was mit uns passieren könnte, wenn wir das Foto machen – was könnte diese Person tun? Was könnte sie denken oder sagen? Wir fürchten, andere könnten schlecht über uns denken. Dabei geht es eher darum, wie sehr wir uns darum sorgen, wie sehr sie sich sorgen – was sie gar nicht tun. Das zu überwinden, ist meiner Meinung nach wichtig.

Zu Beginn meiner Workshops machen wir Übungen – körperliche Übungen, um alle aufzuwecken. Ich bitte die Teilnehmer, all die Fotomanöver auszuführen, die wir vermeiden sollten, wie zum Beispiel die »Touristenhocke« – Füße auseinander, Knie gebeugt – und den »Ausfallschritt«, einen sehr anatomisch korrekten Ausfallschritt beim Halten der Kamera. Ich bringe sie auch dazu, ihren rechten Finger zu bewegen – hoch und runter, hoch und runter. Das bricht das Eis und ermutigt die Leute, weniger auf sich zu achten und dumme Dinge an einem öffentlichen Ort zu tun.

Humor ist wichtig. Es geht darum, sich selbst nicht zu ernst zu nehmen oder zu versuchen, das perfekte Bild zu machen, denn das lähmt. Es ist viel besser, Situationen offen zu lassen und ihnen die Chance zu geben, gut genug zu werden, denn man weiß nie, wann etwas gut wird.

Das Foto auf Seite 32 sieht wie ein Glückstreffer aus, aber ich hatte den Mann schon eine Weile verfolgt. Er hatte an einem Nacktprotest am Trafalgar Square teilgenommen. Ich bin ihm bis zur Tube gefolgt und habe ihn von hinten fotografiert. In diesem Bild passte alles – der Mann, der Text, die Pfeile und die Überwachungskamera – aber ich habe jede Menge Bilder aufgenommen, und bei jedem hoffte ich, dass es besser wird als der Vorgänger.

Das Bild auf Seite 33, das eine Frau zeigt, die in einem Zug unter einem Plakat schläft, hätte man sich besser nicht ausdenken können. Der Inhalt ist real, aber für die Umsetzung musste ich schon sehr beharrlich sein. Mir war diese Werbung aufgefallen und ich dachte, es wäre toll, wenn jemand darunter schliefe. Es dauerte zwei Wochen, in denen ich mit der U-Bahn unterwegs war und mich umgesehen und fotografiert habe, um diese Aufnahme zu bekommen.

## PROBIER'S

**Eine Sonnenbrille unterbricht sofort den Blickkontakt, der für Vertrauen wichtig ist. Mit Kopfhörern hört man seine Umgebung nicht. Ein Lächeln lässt Dich freundlich wirken. Wähle eine Option aus und probier's.**

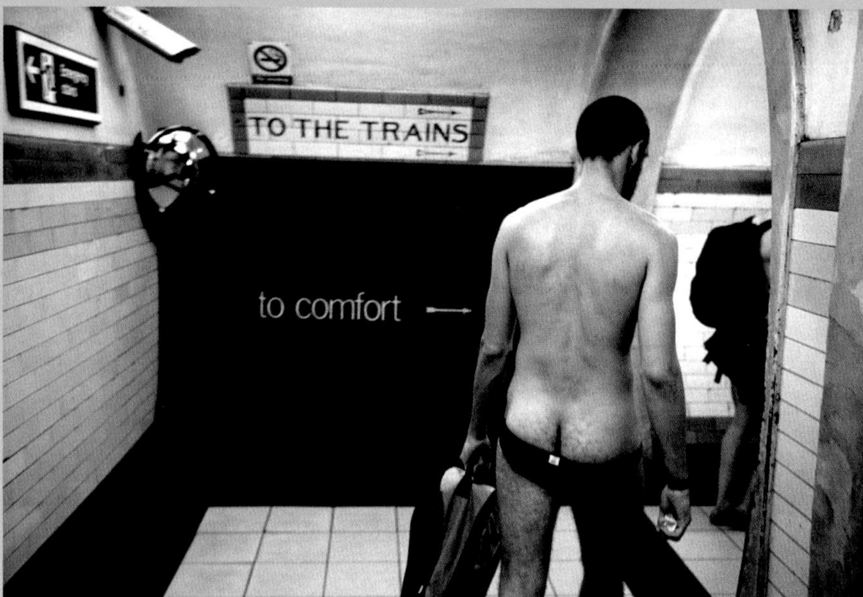


U-Bahn-Station Covent Garden, London, 2001

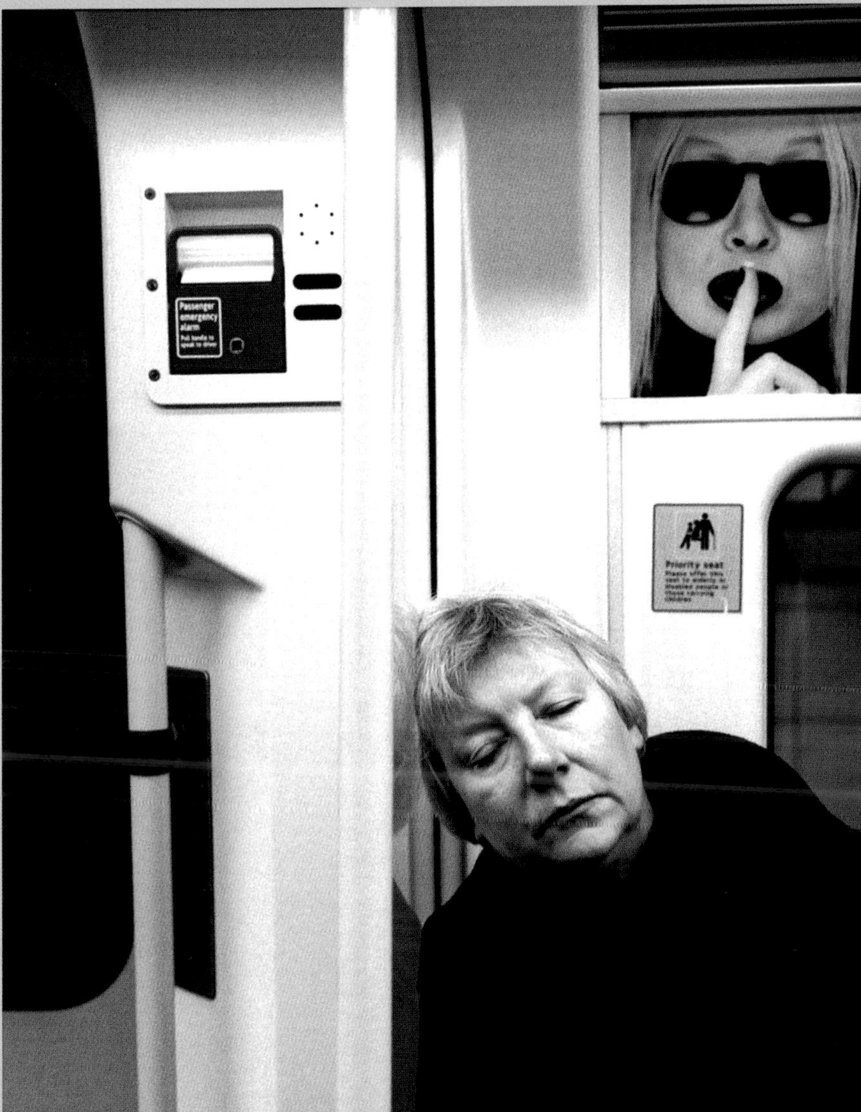


U-Bahn-Station Bank, London, 2000

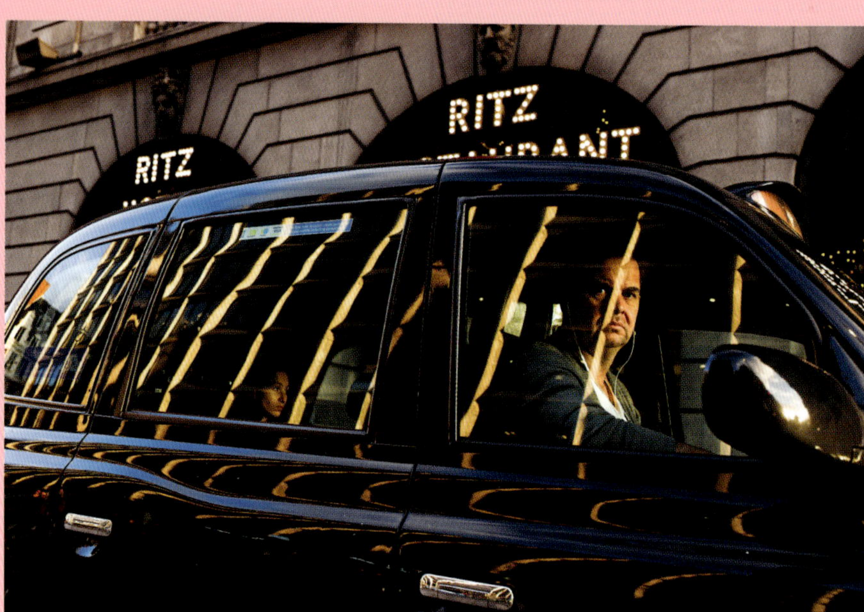


Piccadilly, London, 2018

Kapitel 6

# EINFACH BESSER

## Nicht von der Technik blenden lassen

Verzetteln Sie sich nicht mit technischen Details. Es ist gut, die Grundlagen zu kennen, aber lassen Sie sich davon nicht abhalten, wenn Sie auf der Straße etwas Interessantes entdecken. Wenn Sie sich mehr auf Ihre Kamera als auf die Szene selbst konzentrieren, übersehen Sie das Bild.

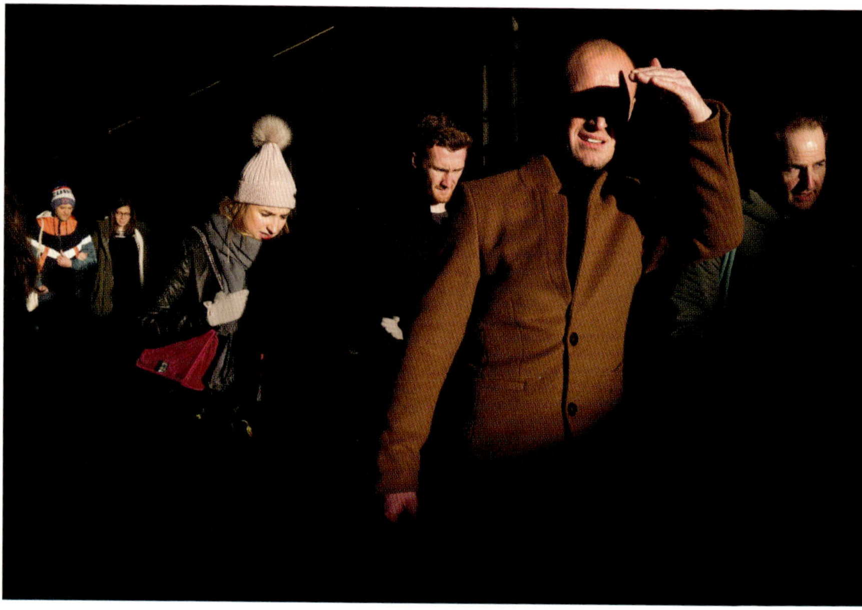

Piccadilly, London, 2018

Eines möchte ich klarstellen: Dieses Buch konzentriert sich nicht auf die Technik. Es gibt bereits viele Bücher, die sich mit der Technik der Fotografie befassen, einige davon sind brillant. Außerdem ist es gut, die Feinheiten Ihrer Kamera zu kennen, bevor Sie vor Ort sind, auf der Straße, wo Menschen aus allen Richtungen auf Sie zukommen. Sie wollen sich nicht mit den Einstellungen Ihrer Kamera herumschlagen, wenn sich eine Gelegenheit bietet oder sich ein potenzielles Motiv nähert …

Damit Sie losziehen und die gewünschten Bilder machen können, sollten Sie sich mit den Einstellungen Ihrer Kamera vertraut machen und so viel wissen, dass Sie auf der Straße nicht herumfummeln müssen. Spielen Sie zumindest mit der Belichtungszeit und schauen Sie, wie sie sich unter verschiedenen Bedingungen auswirkt.

Ich habe einen wirklich einfachen Ansatz … nennen wir es nicht Regel. Tagsüber nehme ich die meisten Fotos mit 1/1000 s auf. Wenn Sie die Kamera ganz schnell vor die Augen halten, weil Sie etwas entdeckt haben, ist die Aufnahme bei 1/1000 s meistens scharf, wenn der Fokus richtig gesetzt ist. Denn 1/1000 s ist eine kurze Belichtungszeit.

**»Sie wollen sich nicht mit den Einstellungen Ihrer Kamera herumschlagen, wenn sich eine Gelegenheit bietet oder sich ein potenzielles Motiv nähert …«**

Es kommt darauf an, ob es sonnig oder bewölkt ist. An einem bewölkten Tag in Großbritannien können Sie wahrscheinlich mit 1/1000 s bei f/4 und ISO 800 fotografieren. Dann ist das Hauptmotiv scharf. An einem sonnigen Tag reichen 1/1000 s

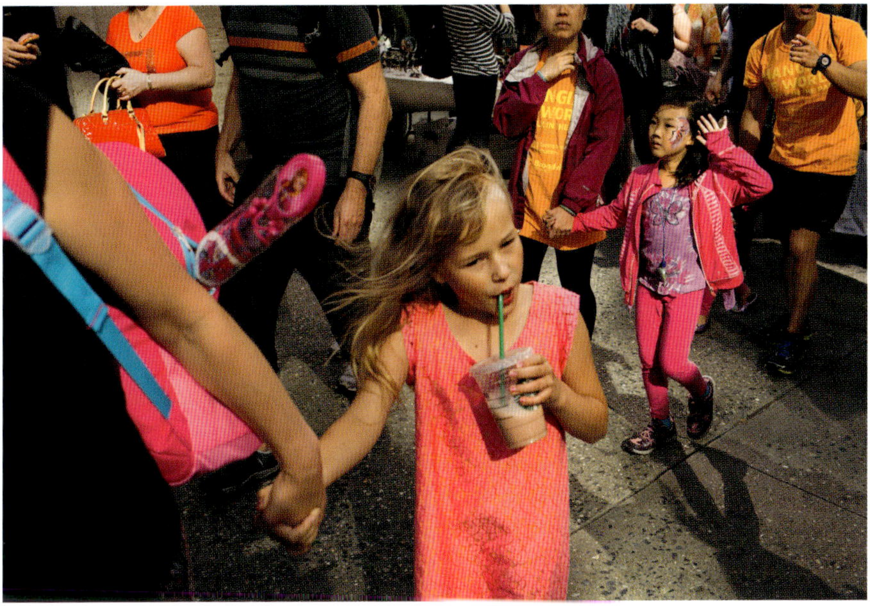

Fifth Avenue, New York, 2015

bei f/11 oder sogar f/16, damit alles durchgängig scharf ist. Also stelle ich die Kamera ständig auf 1/1000 s ein und verwende die bereits gewählte Blende. Als Street-Fotograf glaube ich, dass die Reaktion an erster Stelle steht, daher stelle ich tagsüber immer zuerst die Belichtungszeit ein.

Abends und nachts arbeite ich mit einer großen Blende, weil ich so viel Licht wie möglich hereinlassen möchte, um eine lange Belichtungszeit zu erreichen.Der beste Rat, den ich Ihnen geben kann, wenn

**»Der beste Rat … bei technischen Dingen: Halten Sie sich zurück. Schalten Sie Variablen aus und konzentrieren Sie sich auf das Wesentliche.«**

es um die technischen Dinge geht: Halten Sie sich zurück. Machen Sie sich das Leben nicht schwerer, als es sein muss. Wenn Sie einige der Variablen ausschalten können, tun Sie das, denn dann können Sie sich auf das konzentrieren, was wirklich wichtig ist: das Sehen – zu entdecken, was um Sie herum passiert, Situationen zu verstehen und zu erahnen, was passieren wird. Um es mit den Worten des großen Elliott Erwitt zu sagen: »Alle Technik der Welt kann die Unfähigkeit, etwas zu bemerken, nicht ausgleichen.«

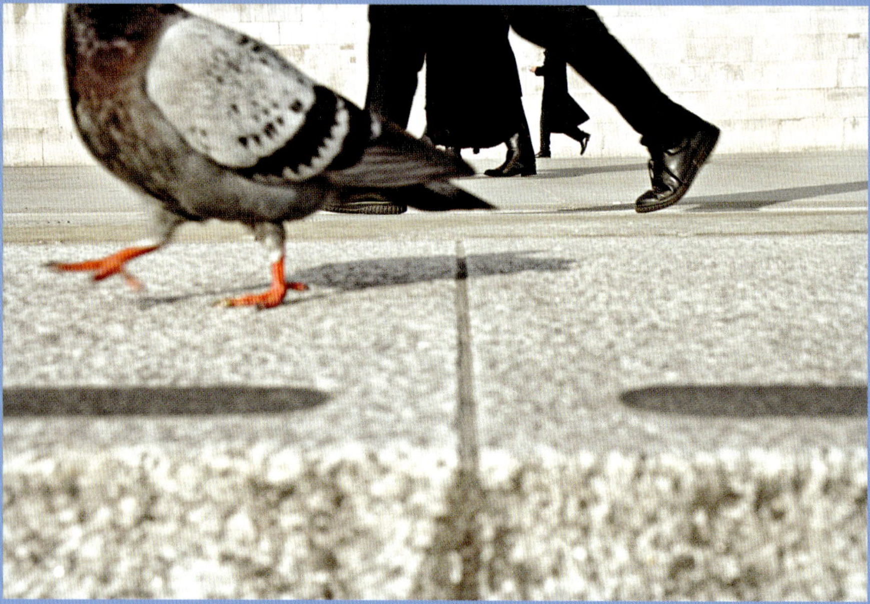

Trafalgar Square, London, 2004

Kapitel 7

# MIT DEN AUGEN EINES KINDES

## Halten Sie Augen und Ohren offen

Seien Sie beim Fotografieren für alles offen. Wenn die Augen »auf Empfang« sind, werden sich Bilder ergeben, und die kleinen Kuriositäten des Lebens tauchen wie von selbst auf.

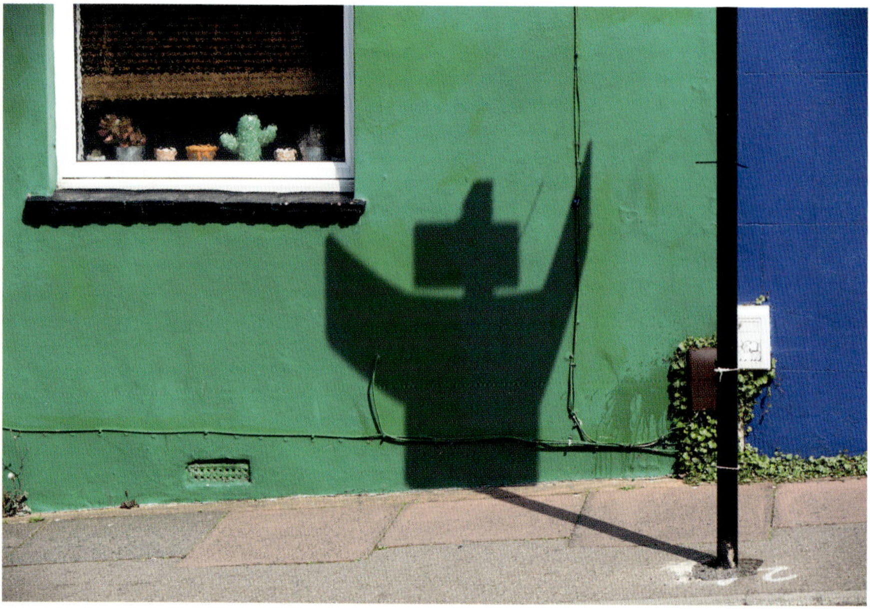

Brighton, 2018

Wenn Sie schon einmal mit einem kleinen Kind zu Fuß unterwegs waren, wissen Sie, dass ein kurzer Weg endlos lang werden kann. Nicht nur wegen der Wutanfälle, sondern weil es oft stehen bleibt und auf Dinge zeigt, die ihm auffallen. Kleine Kinder benennen oft, was sie sehen, wenn sie gerade sprechen lernen: »Hund! Bus! Ball!«

Diese kindliche Art, die Welt zu sehen, hat etwas für sich, wenn man sich auf das konzentriert, was in einem bestimmten Moment die Aufmerksamkeit auf sich zieht. Wenn Sie lernen können, unschuldig zu sehen, wie ein Kind sieht – leuchtende Farben, Kombinationen von Dingen, kleine Geschichten, lustige Straßenmöbel oder Ereignisse zu bemerken –, dann sind Sie auf dem besten Weg, eine Art des Sehens zu entwickeln, die für die Straßenfotografie unerlässlich ist.

Der Tag, an dem ich das Bild einer marschierenden Taube (Seite 38) machte, ein Foto, das zu einem meiner bekanntesten geworden ist, war eigentlich langweilig. Ich war ausgegangen, hatte aber nichts Besonderes vor. Ich landete auf dem Trafalgar Square und setzte mich auf die Stufen gegenüber der National Gallery. Ich begann, durch meine Kamera auf die Straße zu schauen, und bemerkte all diese Füße, die hin und her gingen und interessante Formen bildeten. Mit solchen Dingen kann

**»Wenn Sie lernen, wie ein Kind zu sehen, entwickeln Sie einen Blick für das Wesentliche der Street-Fotografie.«**

ich mich ewig beschäftigen, und ich habe eine halbe Stunde vorbeilaufende Beine fotografiert. Ich kauerte mich zusammen und hatte wahrscheinlich den Hintern in

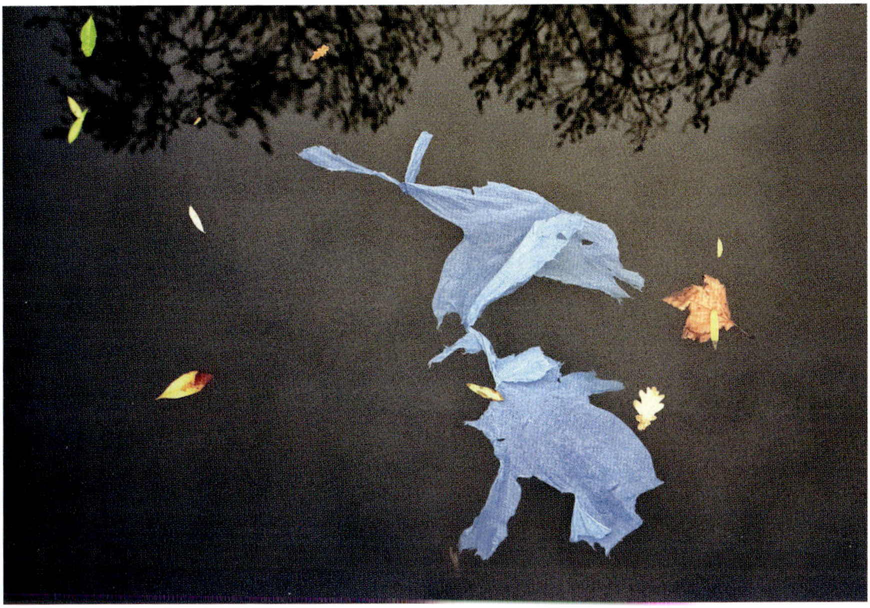

Regent's Canal, London, 2010

der Luft, während ich durch den Sucher schaute. Die Tauben kamen ganz nah an mich heran. Eine besonders übermütige ging drei oder vier Mal auf und ab – es war fast so, als würde sie flanieren. Ich machte zwei oder drei Bilder, von denen sich eines richtig gut anfühlte.

Als ich mir das Bild auf dem Kontaktabzug ansah, war das eine schöne Überraschung. Alles hatte sich zusammengefügt. Die Spiegelung des Schwanzes der Taube und des Mantels, die nach vorne gerichteten Füße der Taube, der Mann im weißen Dreieck, dessen Füße die der Taube widerspiegeln – alles war so gut wie perfekt. Ich hatte also großes Glück. Schon wieder dieses Wort!

Das Taubenfoto war in gewissem Sinne ein glücklicher Zufall, aber sie kam zustande, weil ich aus einem anderen Blickwinkel schaute. Das Bild auf den Seiten 44–45 ist ein weiteres Beispiel. Ich spazierte durch den Hyde Park in London und sah ein Kind mit einem Luftballon in der Hand, was mich an Alice im Wunderland erinnerte. Als ich zu fotografieren begann, deutete der Mann auf den Boden und versuchte, den Hund zum Sitzen zu bringen. Niemand sah mich beim Fotografieren. Ich fühlte mich völlig unsichtbar. Mir gefiel dieses Gefühl, die Szene einzufangen und sie dann zu verlassen, ohne sie in irgendeiner Weise zu beeinflussen.

Die Street-Fotografie gibt Ihnen die einzigartige Möglichkeit, an einer Situation teilzunehmen, ohne dass andere unbedingt wissen, dass Sie dort sind. Ich glaube, das ist einer der Gründe, warum wir immer wieder darauf zurückkommen: die unsichtbare Teilnahme, gefolgt von dem sichtbaren Beweis, dass man da war und etwas gesehen oder gespürt hat.

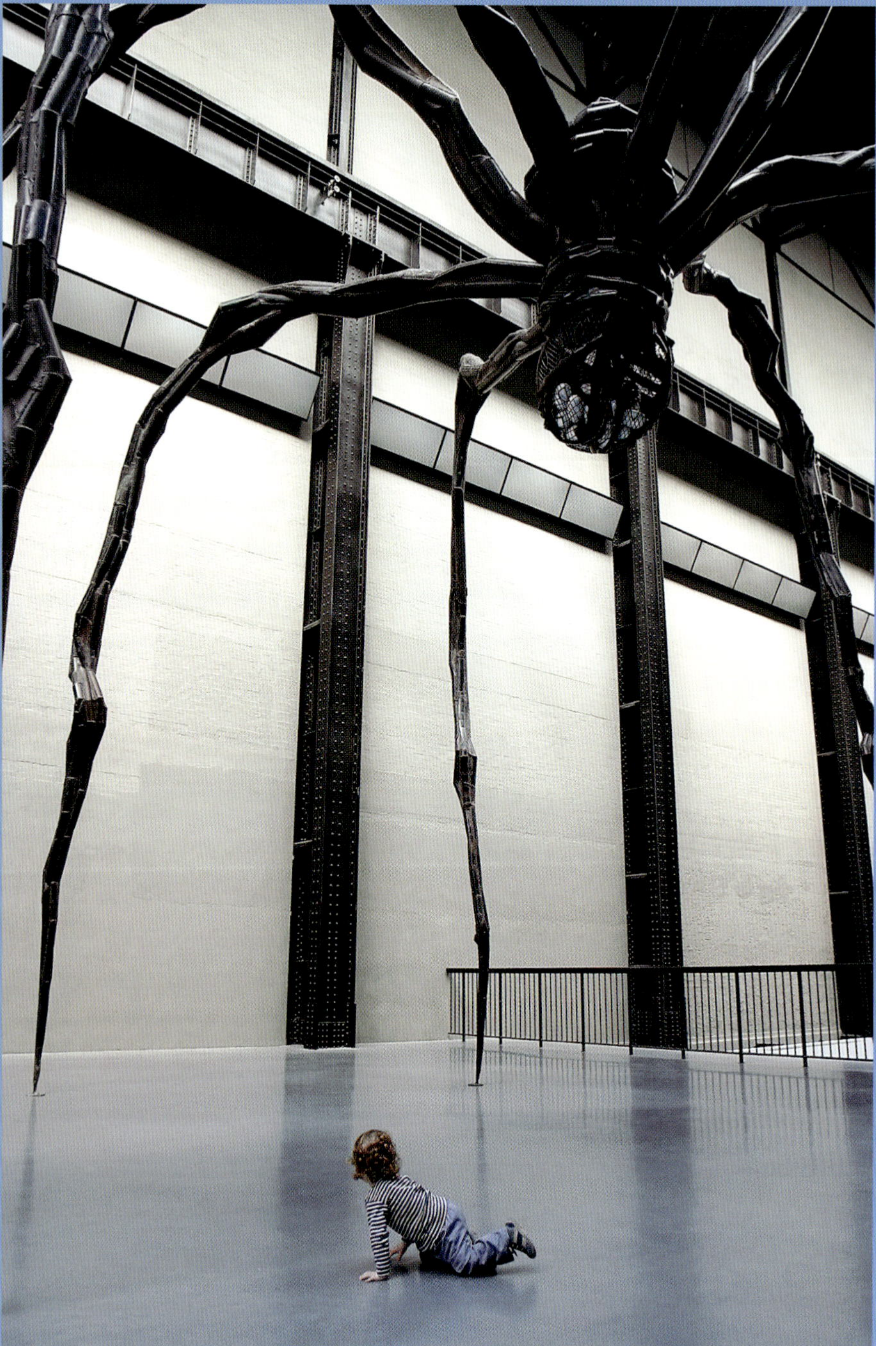

Tate Modern, London, 2002

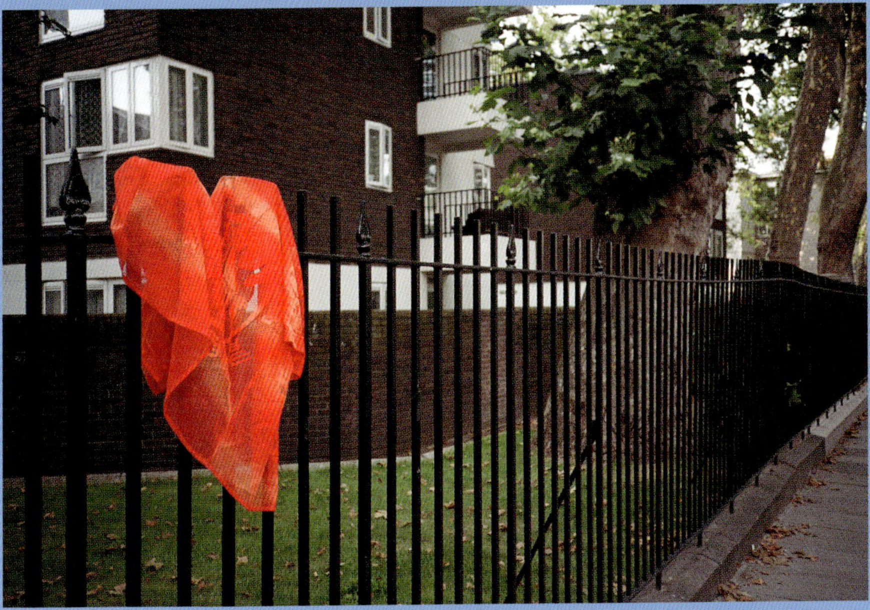

Guildford Street, London, 2007

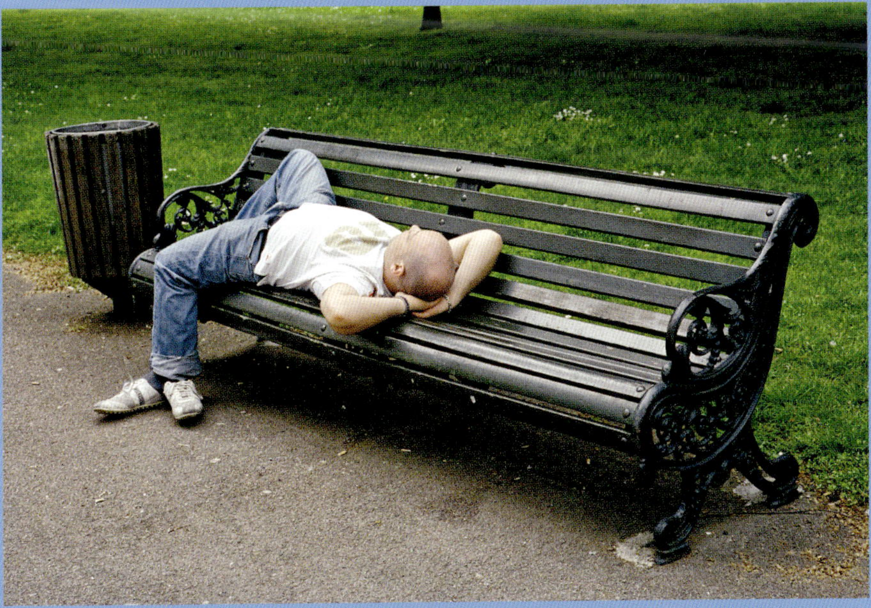

Hyde Park, London, 2009

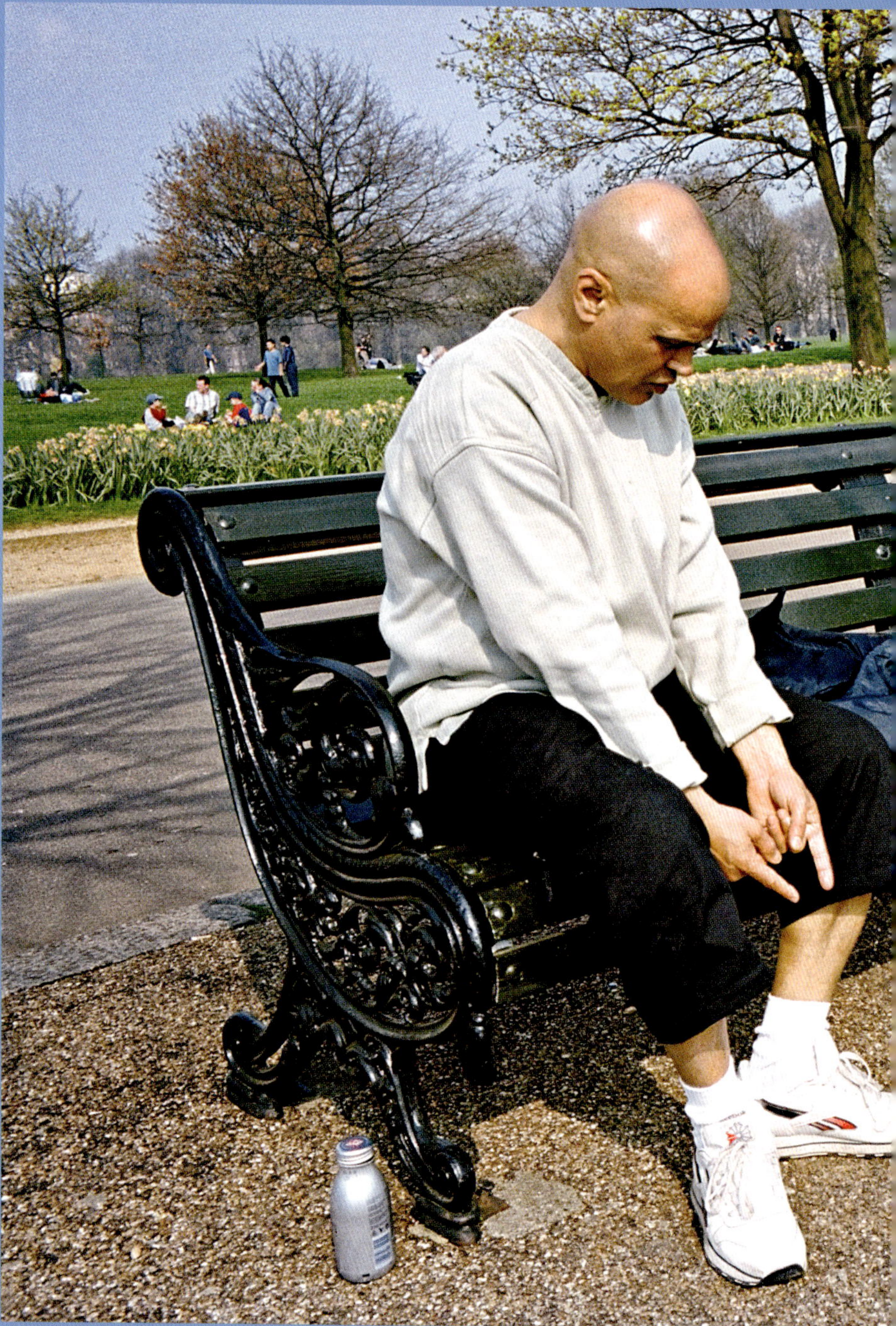

Hyde Park, London, 2008

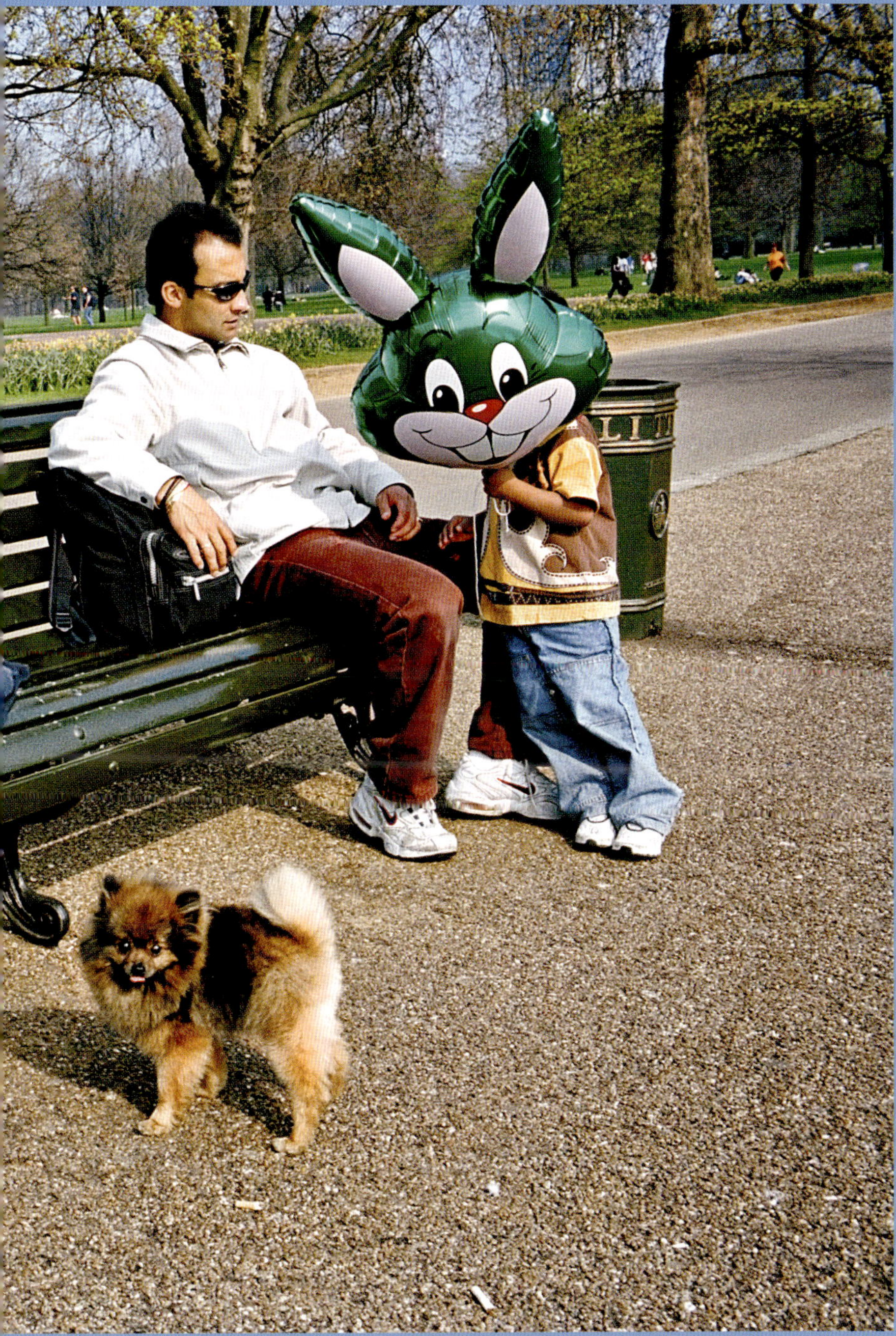

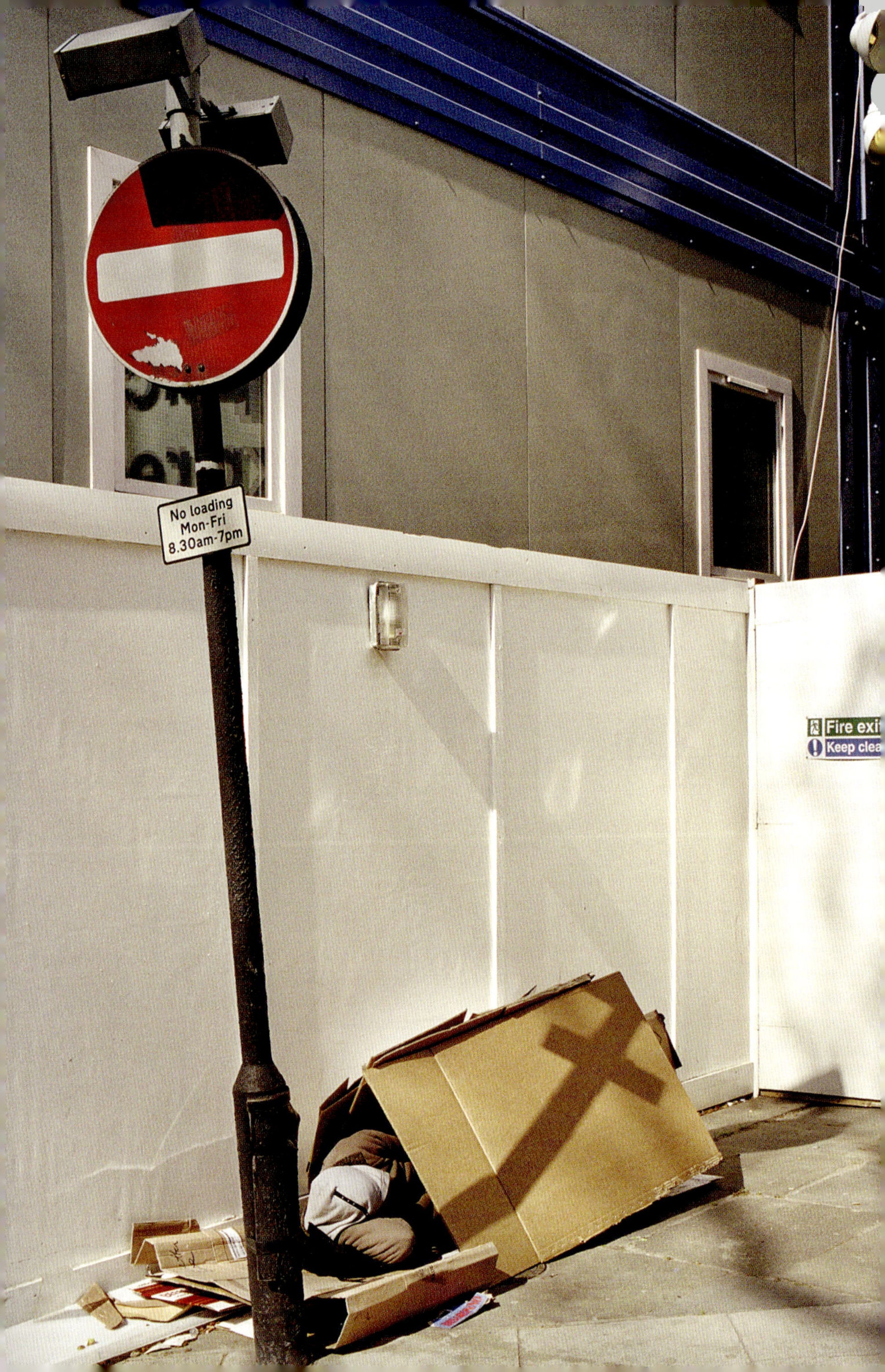
No loading
Mon-Fri
8.30am-7pm
Fire exi
Keep clea

Kapitel 8

# ERST AUSLÖSEN, DANN DENKEN

## Drücken Sie im Zweifel einfach ab

Vermeiden Sie um jeden Preis das Trauma, dass Ihnen eine Aufnahme durch die Lappen geht. Wenn Sie es gar nicht erst versuchen, sich überwinden oder ständig fragen, ob das Bild den Aufwand wert ist, verpassen Sie es womöglich.

Wir alle haben Momente erlebt, in denen wir gezaudert haben, ob wir ein Bild machen sollen: »Passt der Bildausschnitt? Stimmt die Belichtung?« Wir fragten uns auch, ob wir die Aufnahme tatsächlich machen sollten: »Was passiert, wenn ich den Auslöser drücke? Ist es okay, ein Bild zu machen?« Diese Gedanken haben sich die meisten Street-Fotografen irgendwann einmal gemacht.

Wenn Sie unterwegs sind und etwas aussieht, als würde es sich lohnen, drücken Sie zuerst ab und überlegen Sie später, ob Sie das Bild zeigen wollen. Folgen Sie Ihrem Bauchgefühl, denn wenn Sie es gar nicht erst versuchen, werden Sie es vielleicht bereuen. Andererseits, auch wenn nichts dabei herauskommt, haben Sie es wenigstens versucht.

Sie müssen sich fragen, was das Schlimmste ist, was passieren könnte. Okay, Sie könnten sterben, aber wie wahrscheinlich ist das wirklich? Sie könnten geschlagen werden, aber wie wahrscheinlich ist das? Die meisten Menschen schlagen

**»Wenn Sie unterwegs sind und etwas aussieht, als würde es sich lohnen, drücken Sie zuerst ab und überlegen Sie später, ob Sie das Bild zeigen wollen.«**

nicht zu. Das Schlimmste, was passieren kann, ist, dass jemand zu Ihnen sagt: »Verpiss dich!«, was zwar nicht sehr nett ist, aber auch nicht das Ende der Welt. Wenn Sie positiv unterwegs sind, kommt es zumeist jedoch nicht zu solchen Situationen.

Eines der ersten Dinge, die man an der Universität oder in Foren für Street-Fotografie erfährt, ist, dass man keine Obdachlosen fotografieren soll. Ich bin da ganz anderer Meinung. Ich finde, man sollte Obdachlose fotografieren, ich finde, man sollte Behinderte fotografieren, ich finde, man sollte jeden und alles fotografieren – weil es sie gibt. Wenn die Szene interessant genug ist, sollte man sie fotografieren. Aber zu entscheiden, ob eine Szene etwas hergibt, ist eine andere Sache.

Eines der ersten Probleme ist, dass man etwas für interessant hält, sich dann aber fragt, ob es die Mühe wert ist. Wird es ein gutes Bild ergeben? Ist es wert, ein Bild zu

**»Wenn die Szene interessant genug ist, sollte man fotografieren. Aber zu entscheiden, ob eine Szene etwas hergibt, ist eine andere Sache.«**

machen? Je mehr Sie darüber nachdenken, was Sie fotografieren und warum, desto besser können Sie einschätzen, was sich zu fotografieren lohnt. Es geht darum, ein gewisses Maß an emotionaler Intelligenz an den Tag zu legen (und sich seiner Absicht bewusst zu sein, siehe Kapitel 9). Wie Elliott Erwitt sagt: »Qualität hat mit Intention zu tun.«

Nehmen Sie das Bild von Seite 46 von einem Obdachlosen in einem Karton. Ich sah die Szene und dachte: »Soll ich ihn fotografieren? Ist das okay?« Dann fiel mir der kreuzförmige Schatten auf, der das Bild zu mehr als nur einem Bild eines schlafenden Obdachlosen machen könnte – es könnte auf das Problem der Obdachlosigkeit anspielen und als Kommentar zur Gesellschaft interpretiert werden, achtlos daran vorüberzugehen. Außerdem, dachte ich, sieht man das Gesicht des Mannes nicht. Am Ende konnte ich es nicht mehr loslassen. Es ist zu einem meiner Lieblingsfotos geworden.

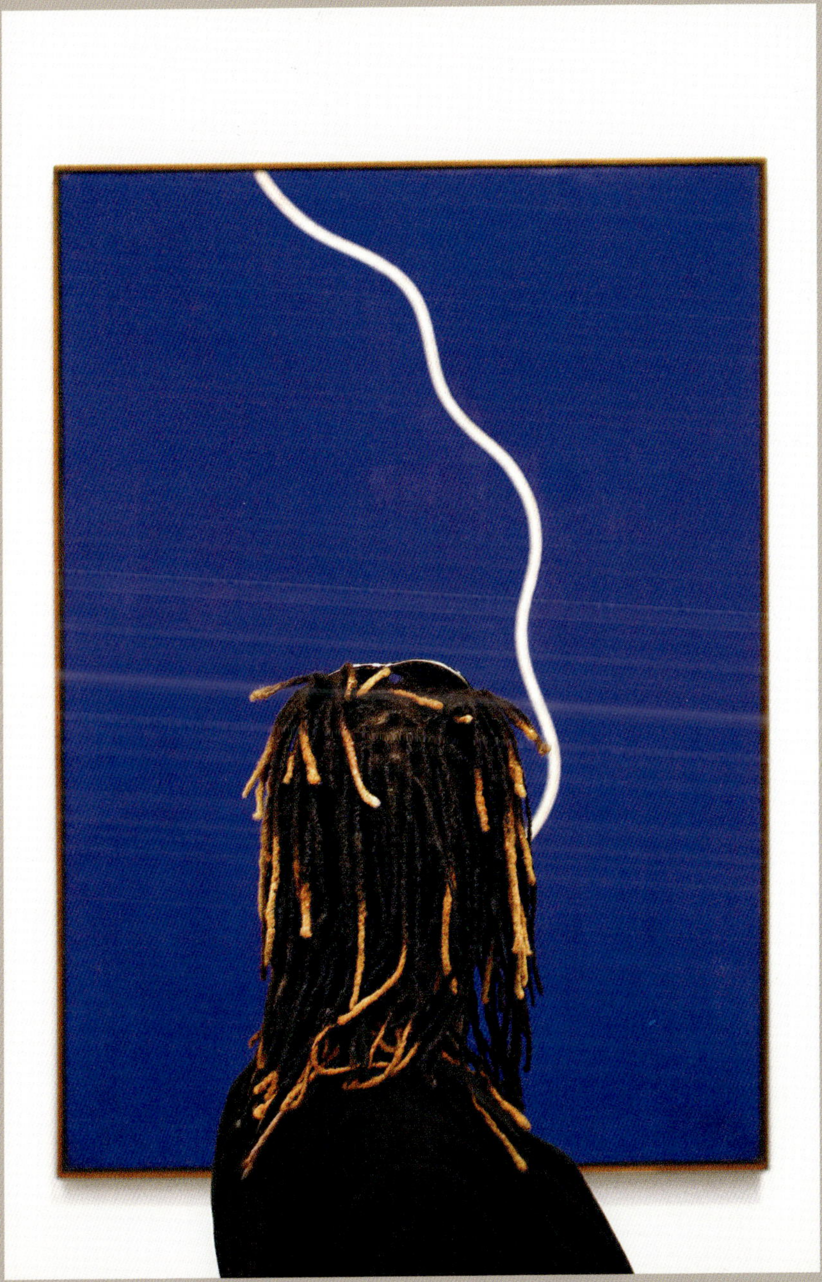

**Seite 46** Shaftesbury Avenue, London, 2010 **Oben** Tate Modern, London, 2002

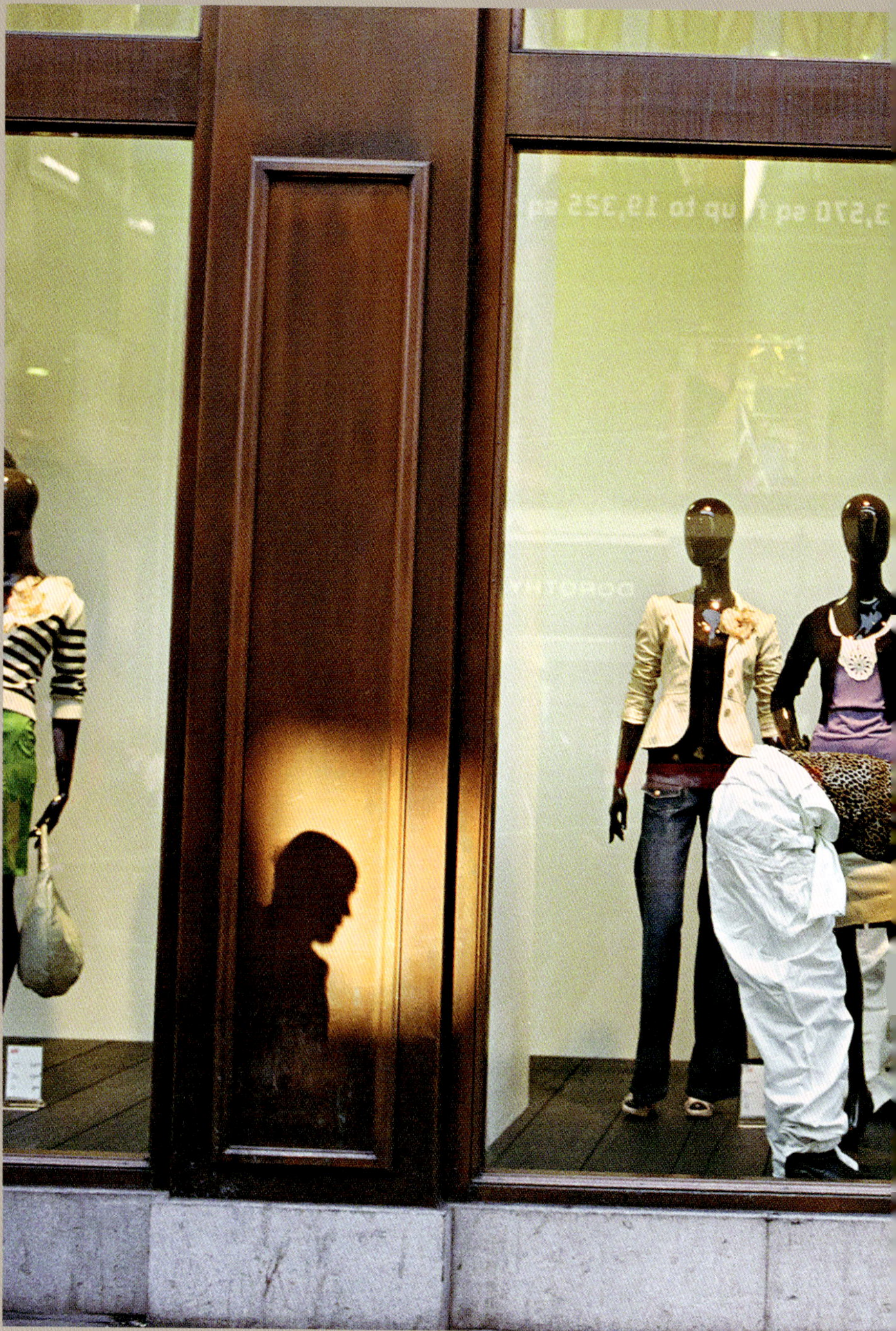

Oxford Street, London, 2009

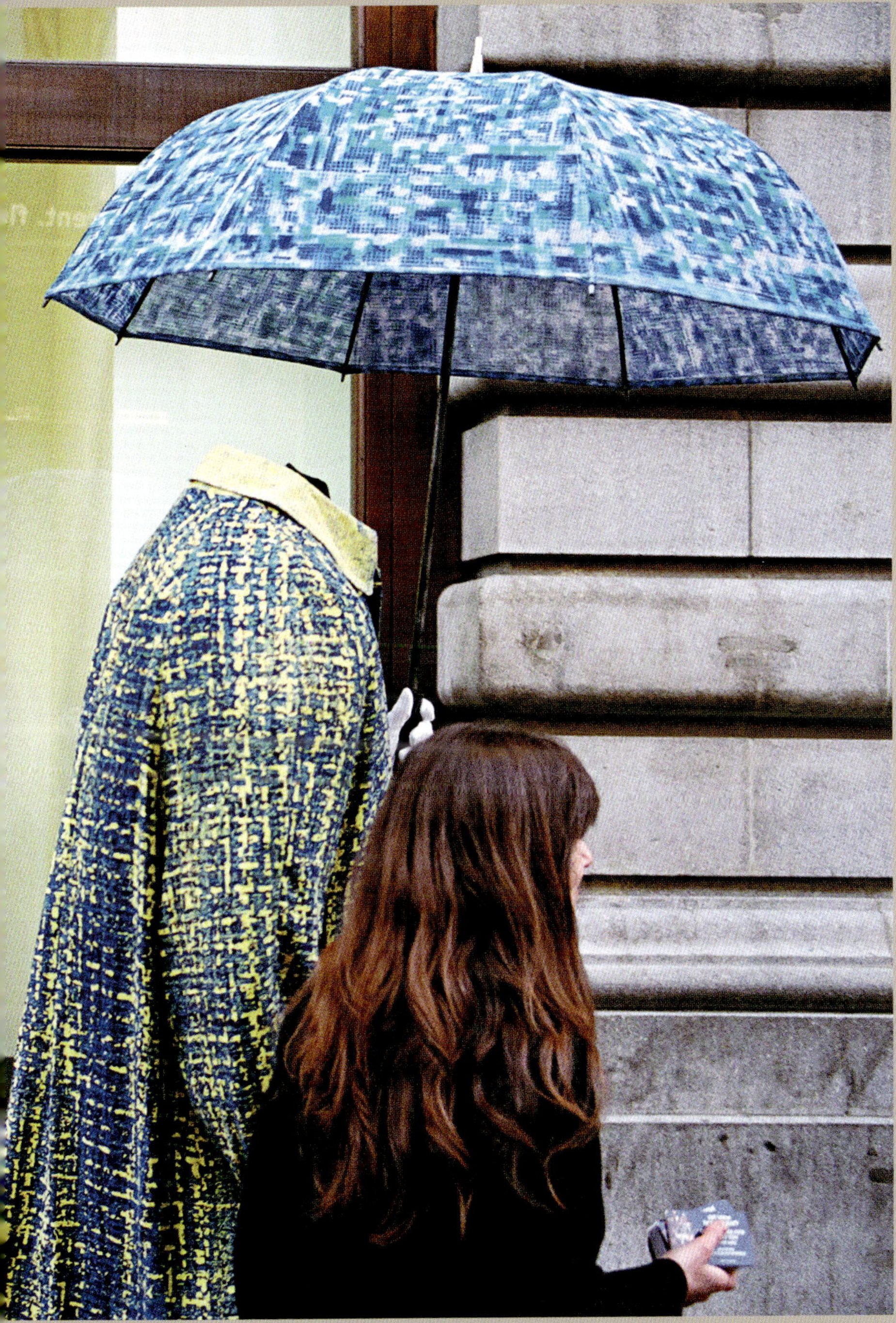

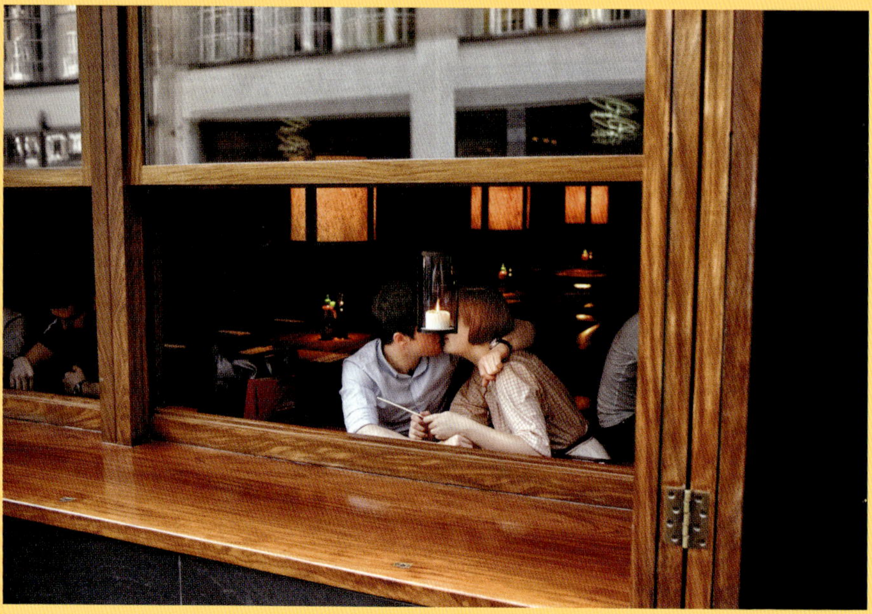

Wardour Street, London, 2010

Kapitel 9

# SEIEN SIE GUT

## Ethik auf der Straße

Überlegen Sie, wie Sie Ihr Motiv darstellen, und seien Sie sich bewusst, dass Sie in dessen Privatsphäre eindringen. Gehen Sie einfühlsam auf die Menschen zu, seien Sie offen und ehrlich.

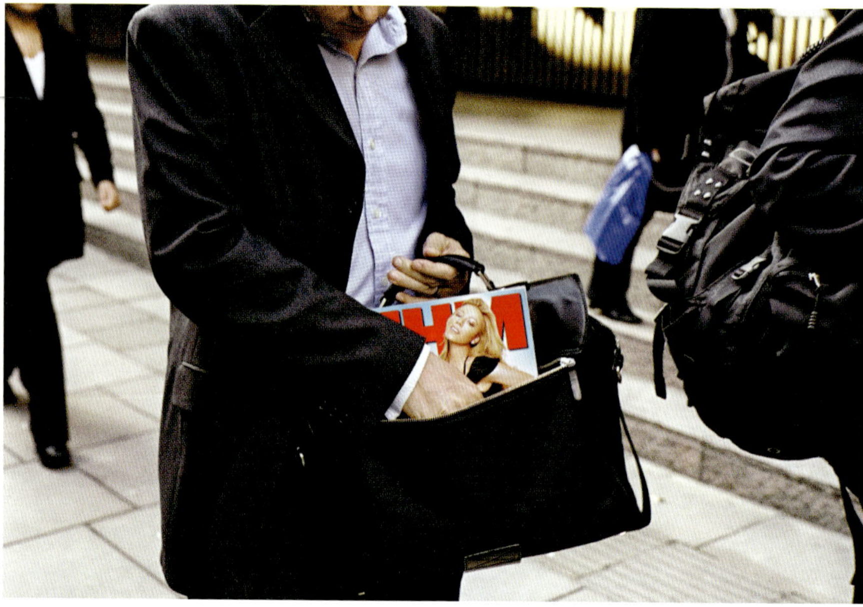

Liverpool Street, London, 2005

Wenn es in der Street-Fotografie ein echtes Problem gibt, dann ist das wohl die Ethik. Das Fotografieren in der Öffentlichkeit ist eine Art ethisches Minenfeld, denn je nach Ort oder Person sind die Auffassungen unterschiedlich, was akzeptabel ist – auch wenn man in Großbritannien laut Gesetz an öffentlichen Orten fotografieren darf.

Ich habe kein Problem damit, Kinder zu fotografieren, wenn auch vielleicht nicht gerade nackt am Strand, es sei denn, ich habe das Einverständnis der Eltern eingeholt. Tiere haben keine Rechte, wenn es ums Fotografieren in der Öffentlichkeit geht (auch wenn ihre Besitzer das vielleicht anders sehen).

Wichtig ist, dass Sie Menschen nicht in Restaurants oder Geschäften fotografieren dürfen, denn sie gelten als Privatbesitz. Wie sieht es mit dem Fotografieren von der Straße aus? Das ist eine Art Grauzone. Technisch ist es in Ordnung, solange Sie sich an einem öffentlichen Ort befinden, doch sie sollten schnell und diskret arbeiten. Und jede Situation ist anders. Das einzige Mal, dass ich mit jemandem aneinandergeraten bin, war, als ich das nebenstehende Bild mit den Beinen eines Mannes und einer Dollarnote gemacht habe. Der Mann im Spiegel ging auf mich los, weil er dachte, ich sei ein Sicherheitsinspektor, der ihn kritisieren wollte, weil die Leiter nicht gehalten wurde.

Was die allgemeine Ethik betrifft, so weiß ich, dass ich ethisch korrekt handle, und die meisten Fotos sind im besten Sinn entstanden. Aber man kann auch erwischt werden. Ich habe einmal eine alte Dame fotografiert, eine interessante Persönlichkeit. Sie saß bei einer Parade und ein Polizist kam zu mir und sagte, ich solle aufhören zu fotografieren. Ich fragte: »Was meinen Sie?« Und er sagte: »Sie sollten aufhören, unter dem Rock dieser Frau zu fotografieren.« Ich erwiderte: »Tut mir leid, ich fotografiere nur die Frau.« Unnötig zu sagen, dass mir der Gedanke gar nicht in den Sinn gekommen war, aber im Nachhinein sah es vielleicht so aus ...

Seien Sie schlau bei dem, was Sie tun, und achten Sie darauf, wie es ankommt, auch wenn Sie wissen, dass es arglos ist. Stellen Sie eine Person nicht so dar, wie Sie selbst nicht dargestellt werden möchten. Wenn es nicht im besten Interesse der Person ist, gehen Sie weiter.

Bei einem Workshop, den ich gab, sagte ich der Gruppe immer wieder, sie solle nur mit guten Absichten fotografieren. Trotzdem fotografierte einer der Teilnehmer zwei Männer im Streit, und sie gingen auf ihn los. Es war wahrscheinlich nicht einmal ein gutes Bild und schon gar nicht wert, dafür fast geschlagen zu werden.

Wenn Sie gefragt werden: »Warum fotografieren Sie mich?«, ist eine der schlimmsten Antworten: »Weil ich das Recht dazu habe.« Das ist der sichere Weg zu Ärger. Wenn Sie ehrlich sind und sagen, was Sie an den Leuten interessiert – ihr Aussehen oder das, was sie gerade tun –, dann sind sie in der Regel eher bereit, sich fotografieren zu lassen.

## PROBIER'S

**Wenn Dich die Person anspricht, die Du fotografierst, sei offen und ehrlich. Sag': »Mir gefällt dies und jenes an Ihnen.« Wenn Ihre Absichten positiv sind, wird es funktionieren. Lügner zögern!**

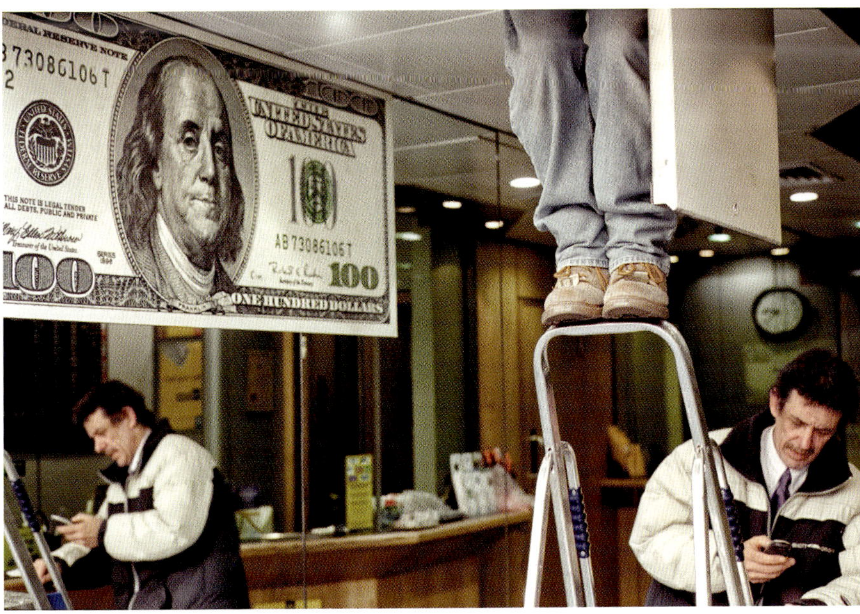


Oxford Street, London, 2004

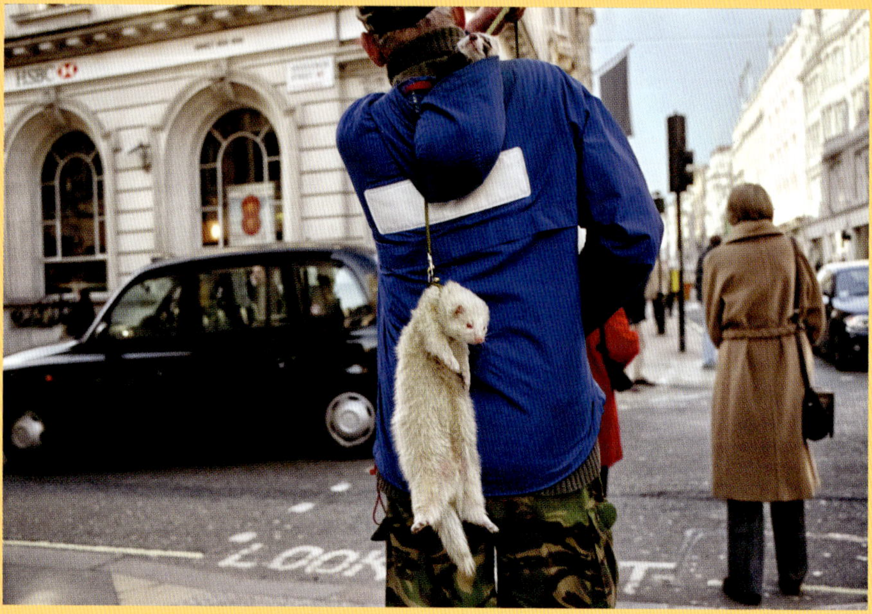


**Oben** New Bond Street, London, 2008 **Gegenüber** Oxford Circus, London, 2008

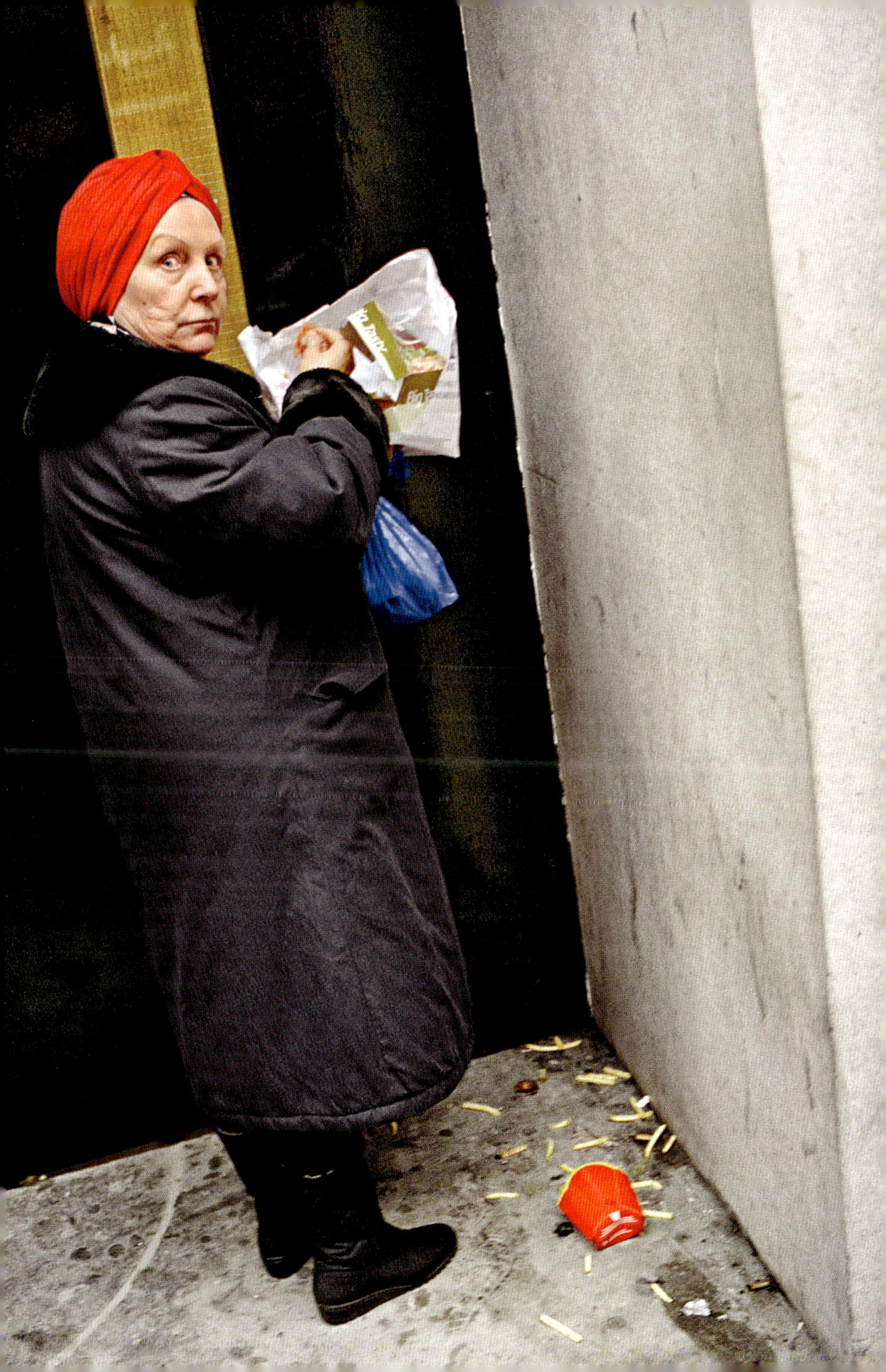

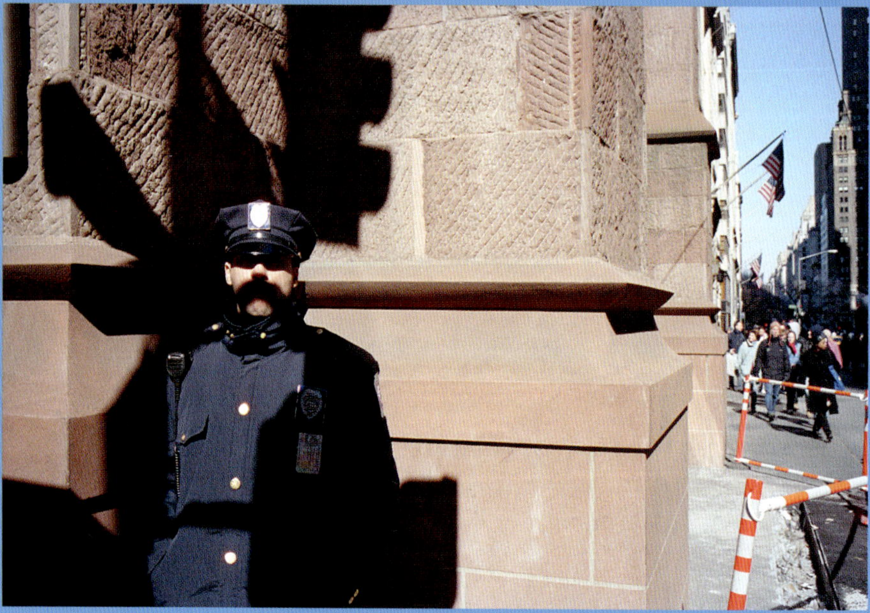

Fifth Avenue, New York, 2009

Kapitel 10

# DIE DREI F

## Fischen, Folgen, F**k!

Der Schlüssel zu guten Bildern besteht aus drei Möglichkeiten: einen vielversprechenden Ort finden, ein Motiv mit Potenzial verfolgen oder einfach drauflos fotografieren.

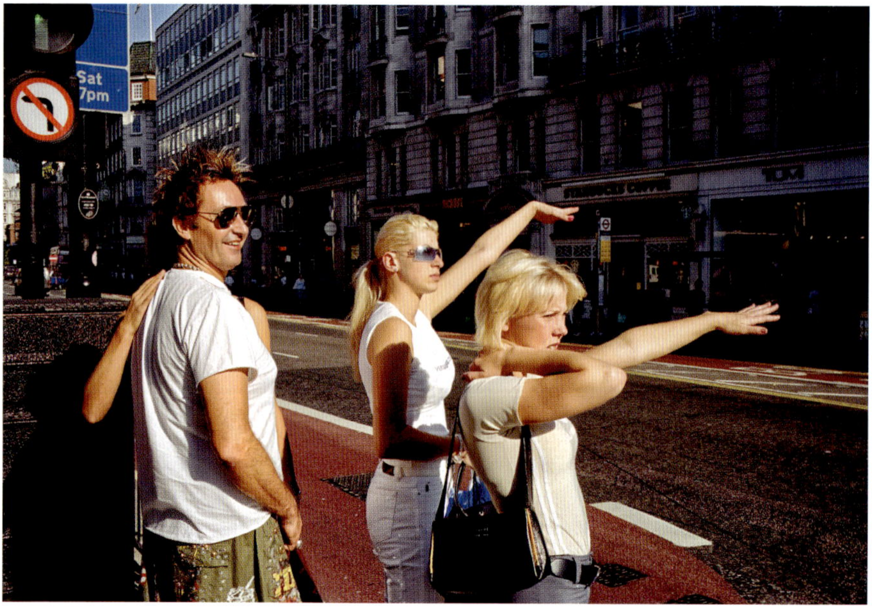


Piccadilly, London, 2007

Dieses Motto begleitet mich seit Jahren: »Die drei F: Fischen, Folgen, F**k!« Die produktivste Art, Bilder zu machen, besteht darin, einen fruchtbaren Ort zu finden – mit einem guten Hintergrund, Menschen und gutem Licht – und auf die Menschen zu warten. Das ist der »Fischen«-Ansatz, bei dem man sich kaum bewegen muss und einfach nur wartet.

Es kann passieren, dass Sie etwas entdecken – ein großer Fisch schwimmt vorbei – und Sie denken: »Ich schwimme ihm hinterher.« Das ist die Analogie zum »Folgen«: Verfolgen Sie etwas, das Potenzial für Bilder hat, während es sich entfaltet oder entwickelt. Denken Sie nicht: »Ich hoffe, ich habe es erwischt!« Gehen Sie zurück und fotografieren Sie es erneut. Immer wenn Sie auf den Auslöser drücken, erhöht sich die Wahrscheinlichkeit, dass Sie ein gutes Bild machen.

Die Schwierigkeit beim »Folgen« ist, dass sich der Hintergrund ständig ändert. Meist scheitern Fotos wegen des Hintergrundes. Die »F**k!«-Momente sind diejenigen, in denen man etwas aus heiterem Himmel sieht und reagiert (siehe Kapitel 7), ohne zu viel nachzudenken – wenn sich ein Bild zufällig ergibt. Das Bild des Polizisten auf Seite 58 war ein solcher Moment. Ich ging an einer Kirche in New York vorbei und sah den Schatten auf dem Gesicht des Polizisten. Das Schwierigste war, die Kamera an mein Auge zu halten, denn schließlich war es ein Polizist, aber er blieb rugig. Hätte er nachgefragt, hätte ich gesagt: »Da war ein toller Schatten auf Ihrem Gesicht, und ich liebe das Licht.« Ich war recht zu-

**»Mitten im Moment weiß man ja nicht, dass dies der entscheidende ist.«**

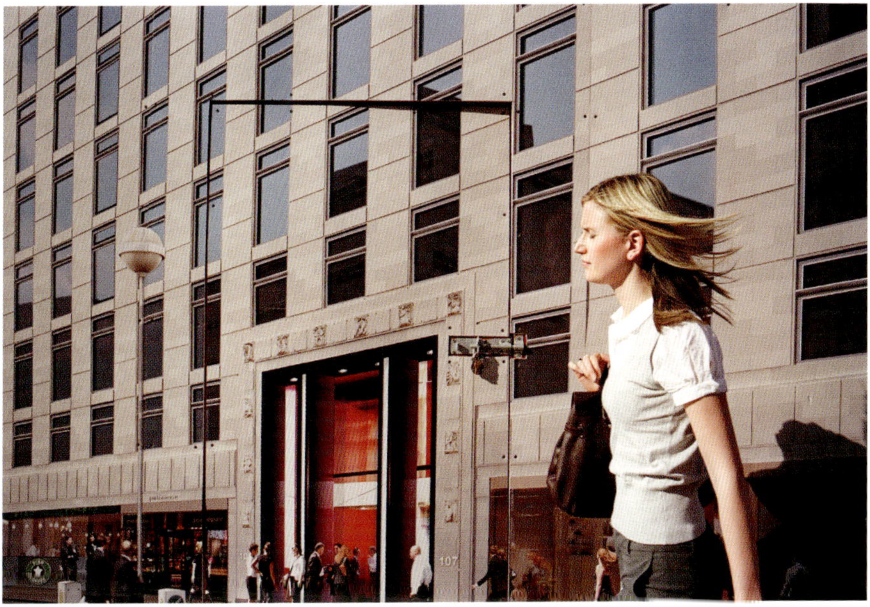

Poultry, London, 2010

frieden mit dem Bild – es liegt irgendwo zwischen Glenn Hughes von den Village People und den Keystone Kops.

Wenn etwas Ihre Neugierde weckt, fotografieren Sie es, sobald Sie es entdecken. Und wenn es die Situation zulässt, fotografieren Sie weiter, auch wenn Sie glauben, dass Sie das Bild schon haben. So haben Sie bei der Nachbearbeitung alle Möglichkeiten.

Ich habe zwar unendlichen Respekt vor Henri Cartier-Bresson, einem meiner fotografischen Helden, aber seine Vorstellung von einem »entscheidenden Moment« suggeriert, es gäbe immer nur einen Moment, um eine Aufnahme zu machen. Meiner Erfahrung nach gibt es vielleicht drei oder vier Momente um den Moment herum, der später als »entscheidend« bezeichnet wird.

Ich finde, mitten im Moment weiß man ja nicht, dass dies der entscheidende ist. Man hofft vielleicht darauf, aber man probiert dies und das oder bewegt sich ein Stück in die eine oder andere Richtung. Erst beim Bearbeiten, wenn man jede Aufnahme unter die Lupe nimmt, entscheidet sich, welcher Momente der entscheidende ist. Es ist keine Schande, sich so viele Chancen wie möglich offen zu halten.

Das umseitige Foto ist ein »Fischen-Bild«. Ich war mit einer Freundin unterwegs, der Fotografin Graciela Magnoni, und sah das Plakat eines Mädchens auf einem Fahrrad mit der Aufschrift »Freedom to come and go« (Freiheit zu kommen und zu gehen). Eine Ironie angesichts der Überwachungskameras daneben. Ich erklärte Graciela, dass ich etwas Zeit bräuchte. Ich hoffte, jemanden zu fotografieren, der perfekt in die Fahrradskulptur hineinläuft, und so verabredeten wir uns für später. Das war auch gut so, denn es dauerte vier Stunden, bis die Dame im blauen Kleid die Szene betrat und alles passte – und ich konnte endlich essen gehen!

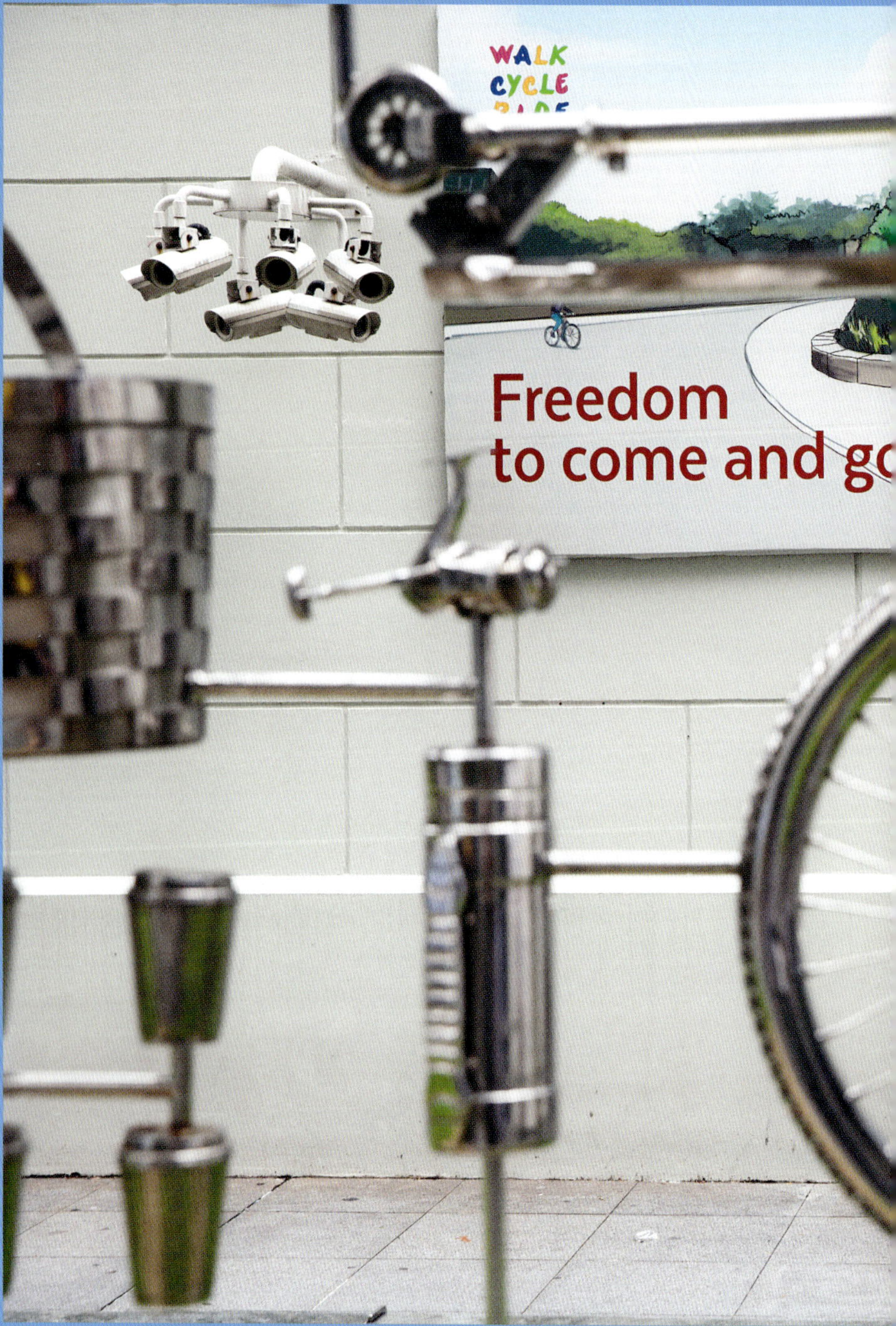


Singapur, 2017

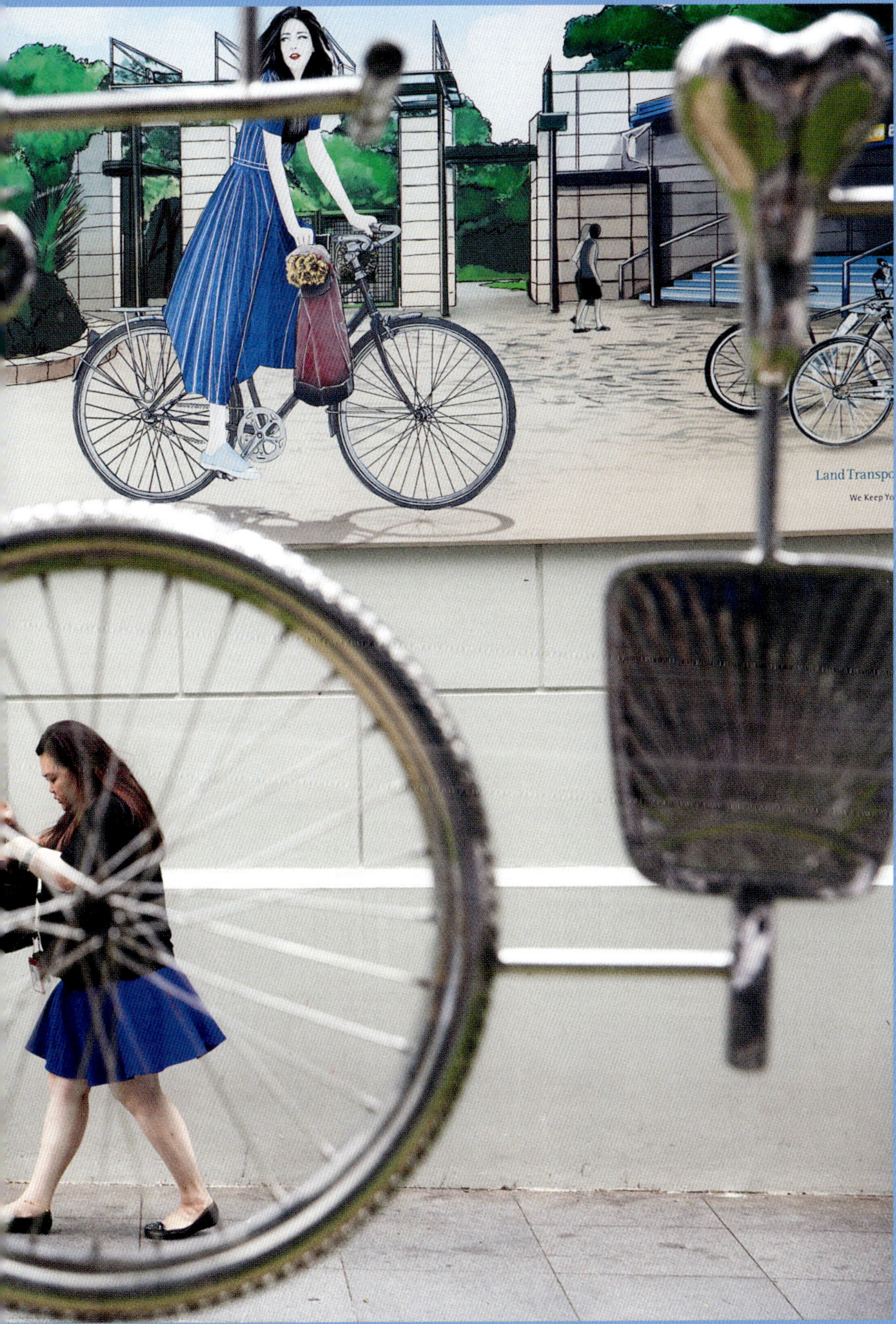
Land Transpo
We Keep Yo

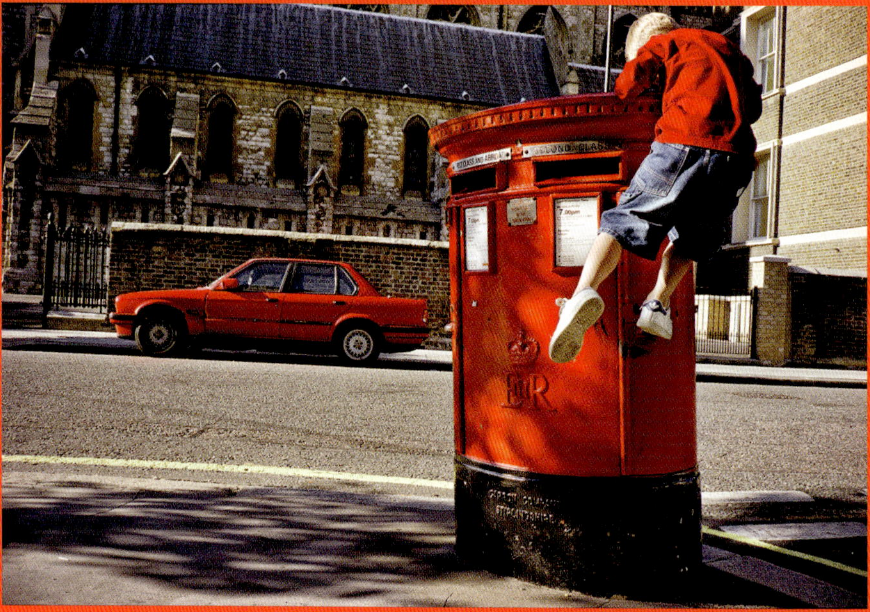

Needham Road, London, 2008

# KOMISCH, ABER WAHR

## Sie werden es nicht glauben!

Manchmal entwickeln sich Ereignisse vor Ihren Augen auf eine Weise, die Sie sich besser nicht hätten ausdenken können. Wenn Sie aufmerksam sind und schnell reagieren, haben Sie die Aufnahme. Hängen Sie nicht herum – machen Sie viele Bilder und schauen Sie später, ob es geklappt hat.

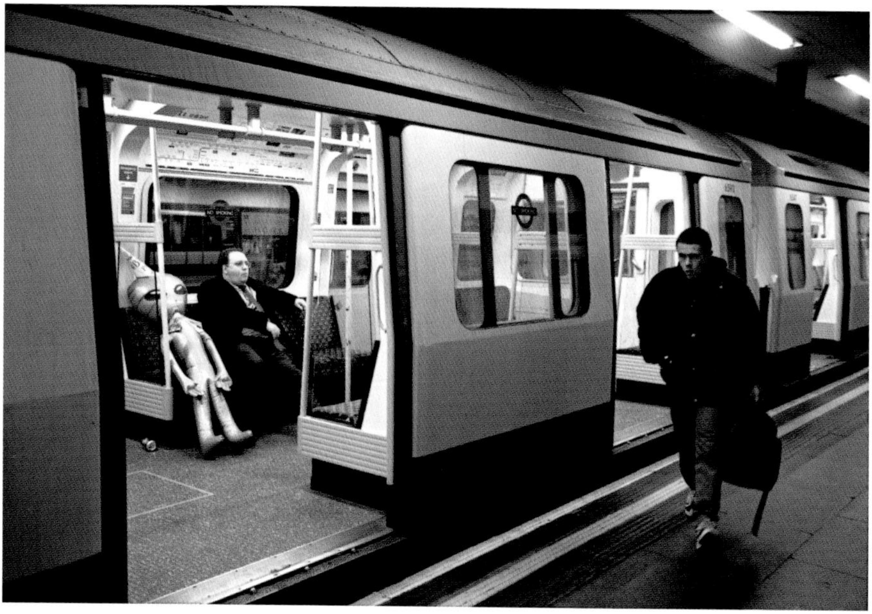

U-Bahn-Station Moorgate, London, 2002

Einer der Gründe, warum ich die Street-Fotografie liebe, ist, dass man sich meistens weder vorstellen noch planen kann, was in der Öffentlichkeit passiert. Manches, was das Leben bietet, ist viel interessanter oder aufschlussreicher als alles, was man sich ausdenken kann. Sie haben vielleicht keine Kontrolle darüber, wie diese Momente ablaufen, aber Ihre Reaktion können Sie beeinflussen. Seien Sie wach, reagieren Sie schnell.

Bei anderen Arten der Fotografie geht der Fotograf, vielleicht ein Pressefotograf, in die Welt hinaus, um über das Geschehen zu berichten. Street-Fotografen hingegen spielen mit den Erwartungen der Menschen und lassen den Betrachter hinterfragen, was er da sieht. Wir sind keine Reporter, sondern bewegen uns in einer Grauzone, in der wir die Realität abbilden, aber das, was uns vor die Kamera kommt, durch Mehrdeutigkeit und Surrealismus verbiegen oder verzerren.

**»Manches, was das Leben bietet, ist viel interessanter oder aufschlussreicher als alles, was man sich ausdenken kann.«**

Der Junge auf dem Bild von Seite 64 sieht aus, als würde er schweben. Tatsächlich ist er hochgesprungen und hat versucht, auf den Briefkasten zu klettern. Ich saß mit ein paar Freunden auf einer Kneipenbank und hatte wahrscheinlich schon unbewusst den roten Briefkasten und das rote Auto im Hintergrund registriert. Ich hatte eine wirklich kleine Kamera dabei und machte zwei oder drei Fotos, von denen eines gelang. Es wurde aus einem niedrigen Winkel mit Blick nach oben aufgenommen, weil ich mich hinsetzte, als er sprang. Da der Junge zuerst versucht hatte, hinaufzuklettern und sich dann selbst hochzuziehen, hatte ich ein paar Sekunden Zeit, um zu reagieren – eine Mischung aus Glück und Bereitschaft, falls sich ein gutes Bild ergibt

Die direkte Begegnung mit dem Außerirdischen, der mit der Londoner U-Bahn fuhr, ist ein weiteres Beispiel, warum es sich lohnt, die Augen offen zu halten. Ich habe das Bild gegen 11 Uhr nachts an der Station Moorgate aufgenommen, in deren Nähe ich früher gewohnt habe. Wie immer hatte ich die Kamera dabei und konnte nach Bildern Ausschau halten. Der Zug fuhr ein, die Türen öffneten sich, und da saß ein Mann, der einen schönen Abend gehabt hatte, neben einem Alien. Die Türen blieben etwa eine Minute lang offen, mit etwas Glück also genug Zeit für ein Foto. Der Mann saß einfach da und unterhielt sich nett mit dem Außerirdischen, und ich hatte eine Kamera, um das festzuhalten.

**»Street-Fotografen spielen mit den Erwartungen der Menschen … indem wir das, was uns vor die Kamera kommt, durch Mehrdeutigkeit und Surrealismus verbiegen oder verzerren.«**

Die umseitige Aufnahme eines Mannes im Teufelskostüm neben einem Autofahrer, dessen Wagen mit einer Parkkralle versehen wurde, hätte ich mir nicht besser ausdenken können. Der Mann im Kostüm wurde gefilmt und machte gerade eine Pause. Ich hatte ein paar Fotos von ihm neben dem Auto gemacht, aber als der Fahrer ankam, um seinen Strafzettel zu begutachten, war er mit im Bild. Das verschmitzte Gesicht des Teufels, das seltsame Logo im Hintergrund und die riesige grüne Kralle im Vordergrund – all diese Zufälle ergeben ein perfektes Bild.

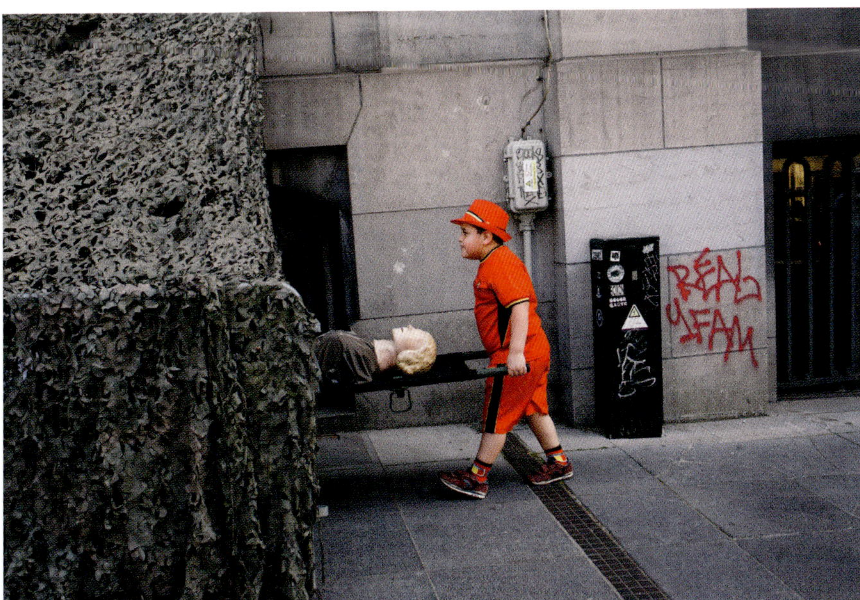

Brüssel, 2016

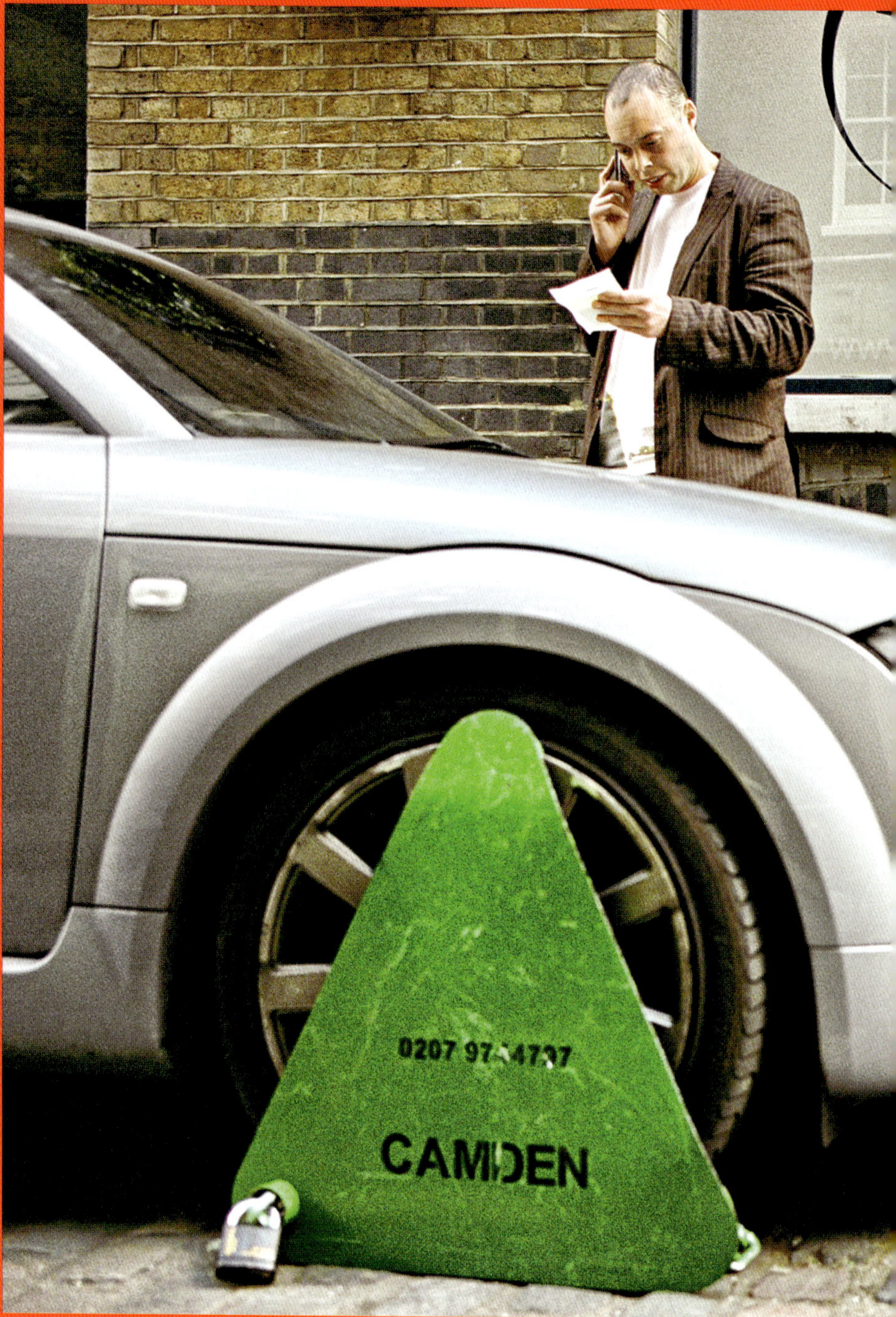


Shorts Gardens, London, 2010

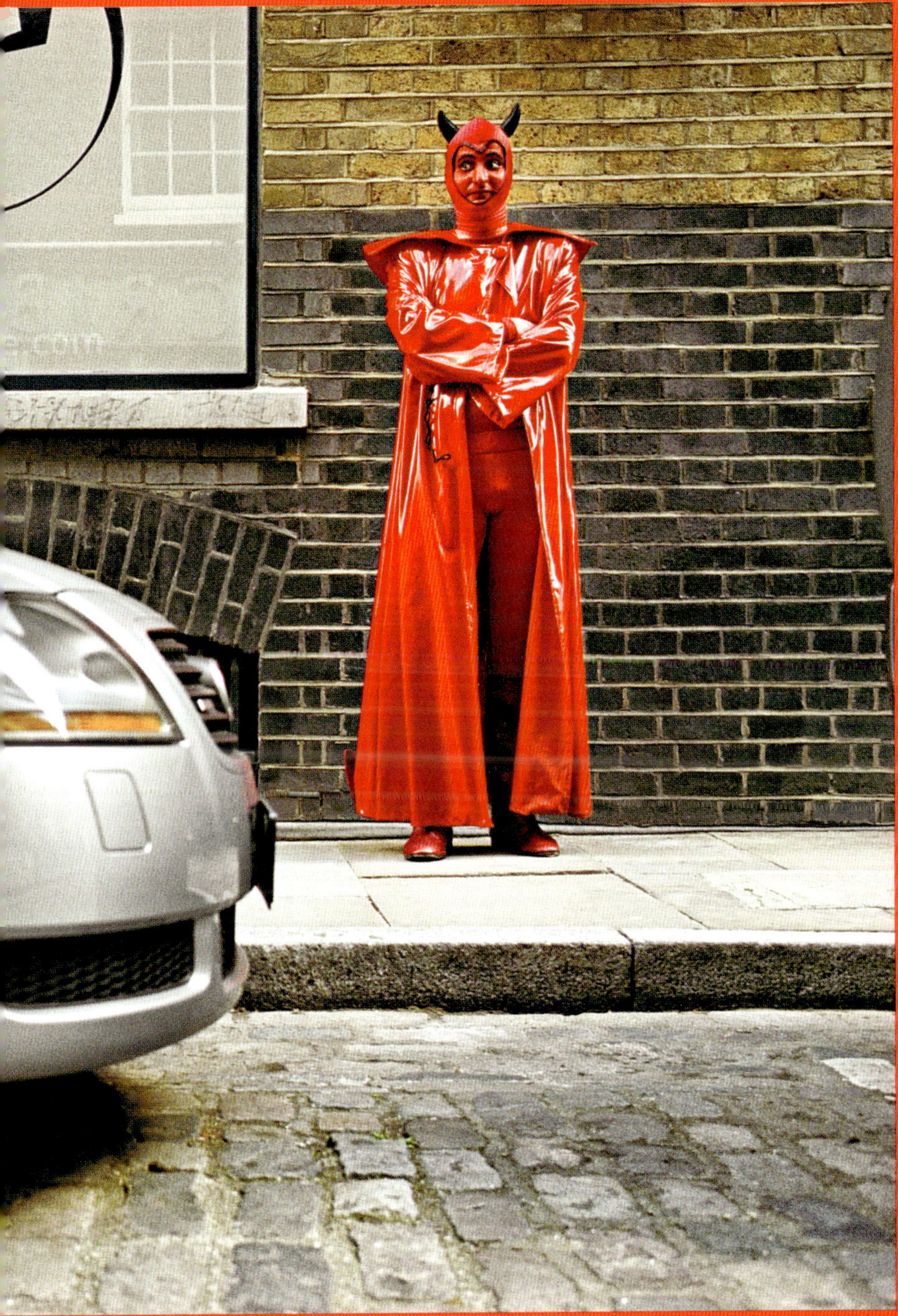

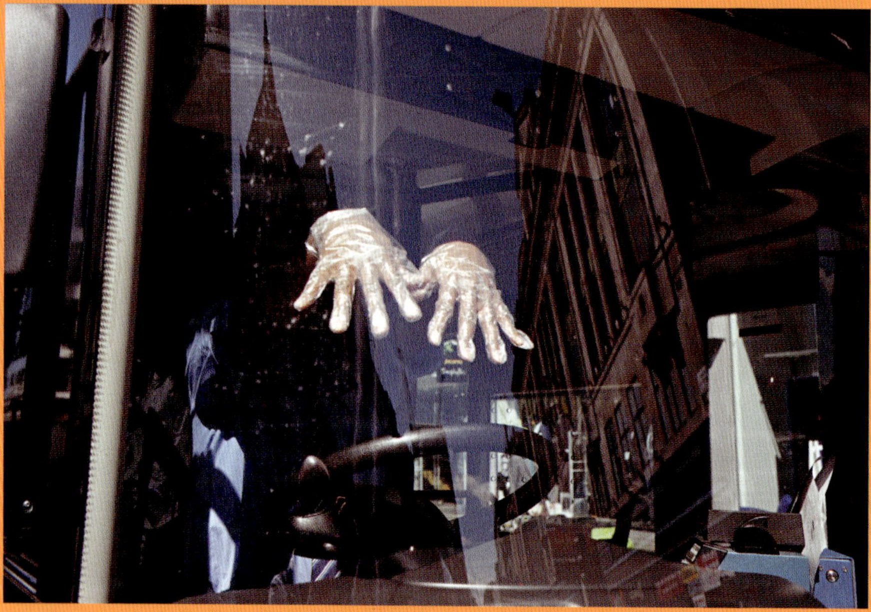

Oxford Street, London, 2016

Kapitel 12

# SEIEN SIE WAHR-SAGER

## Die Zukunft sehen, bevor sie geschieht

Wenn Sie wach und aufmerksam sind, können Sie Ereignisse erahnen. Mit etwas Übung entdecken Sie Storys, während sie geschehen, und können ihren Ausgang vorhersagen.

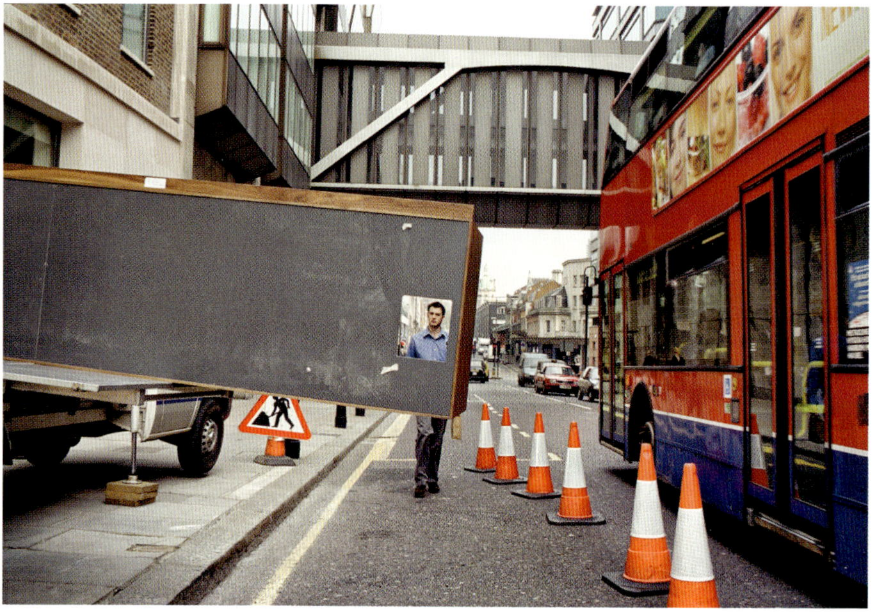

Charterhouse Street, London, 2008

Ich kann nicht mehr oder weniger in die Zukunft schauen als jeder andere Fotograf, doch mit den Jahren habe ich gelernt, Dinge zu entdecken – Mini-Geschichten – und zu erahnen, wie sie sich entwickeln könnten.

Für einen Fotografen mit der Straße als natürlichem Lebensraum ist es genial, wenn ein Ereignis, das man vorhergesehen hat, tatsächlich eintritt. Und wenn Sie dann noch die Kamera zücken und es fotografieren können ... unglaublich! Wenn ich unterwegs bin, schweift mein Blick ständig umher und sucht alles ab, um potenzielle Motive zu finden. Sobald etwas meine Aufmerksamkeit erregt, frage ich mich, was als Nächstes passieren könnte und ob es sich lohnt, auf ein Foto zu warten. Das geht alles sehr schnell und geschieht inzwischen automatisch. Manchmal verfolge ich ein interessantes Motiv mit den Augen und überlege, was als Nächstes geschehen könnte. Nicht immer kommt ein Bild heraus, aber gelegentlich lohnt es sich.

In dem Hände-Bild auf Seite 70 ist Alchemie im Spiel. Wenn man allerdings die Geschichte dahinter kennt, wird klar, dass es eher mit der Vorhersage von Ereignissen zu tun hat als mit Magie. Mir gefällt es, weil es einen Hauch von Zauberei oder Pantomime suggeriert. In Wirklichkeit sind es die Hände eines Busfahrers. Das Bild wirkt durch den Lichteinfall – alles außer den Händen liegt im Schatten. Trotz des Anscheins war es kein einmaliger Glückstreffer. Ich habe mehrere Aufnahmen gemacht. Zunächst waren die Hände des Fahrers auf dem Lenkrad, und ich fand die Plastikhandschuhe etwas seltsam. Ich stand vor dem Bus, der an der Ampel angehalten hatte, und als sie umschaltete, scheuchte mich der Fahrer aus dem Weg. Ich achte immer auf den Lichteinfall, deshalb sah ich, dass die Handschuhe beleuchtet waren, der Hintergrund aber nicht. Der Busfahrer verschwand in den Schatten. Mir blieben nur wenige Sekunden, um das Ereignis vorherzusehen und darauf zu reagieren.

Das Bild des umgedrehten Jungen unten ist ein gutes Beispiel dafür, dass Antizipation zu einem bemerkenswerten Bild führt. Es ist auch eine ziemlich gute Geschichte. Ich war auf dem Trafalgar Square und hatte einen Mann mit Kopfhörern gesehen, der vor der National Gallery tanzte. Ein paar Schulkinder kamen vorbei und tanzten mit ihm. Eines der Kinder war gut im Body Popping und ich hörte zufällig ein Gespräch zwischen ihm und einem anderen Jungen. »Warum machst du nicht einen Salto?«, sagte der andere Junge. Der Body-Popper erwiderte, er müsse erst auf dem Rasen üben, um sich aufzuwärmen. Ich folgte ihnen leise, und der Junge machte einen Salto, nur einen, und das ist das Bild. Es war ein Ein-Klick-Foto. Ich habe die Aufnahme gemacht, weil ich das Gespräch der Jungen mitgehört hatte und wusste, was sie vorhatten. Ich war vorbereitet, fast als wäre der Moment geplant gewesen.

Wenn Sie hinschauen, zuhören und antizipieren, können Sie sozusagen wahrsagen. Haben Sie den Weitblick, zu bemerken, innezuhalten, zu warten und zu visualisieren und ihre Umgebung auf kreative Weise zu nutzen.

## PROBIER'S

**Wie der berühmte amerikanische Fotograf Walker Evans formulierte: »Starre, schnüffle, höre zu, belausche die Leute. Stirb, und du weißt etwas. Du lebst nicht ewig.«**

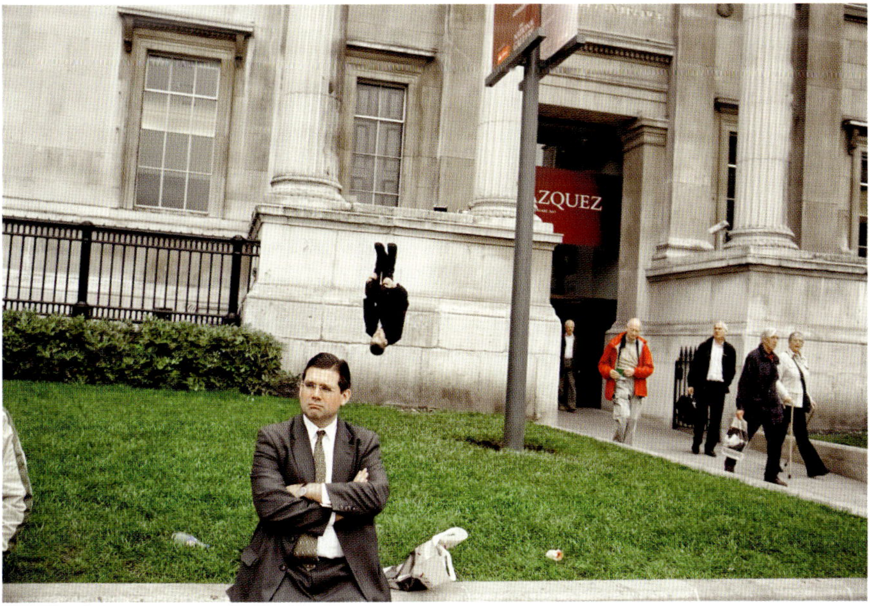


Trafalgar Square, London, 2007

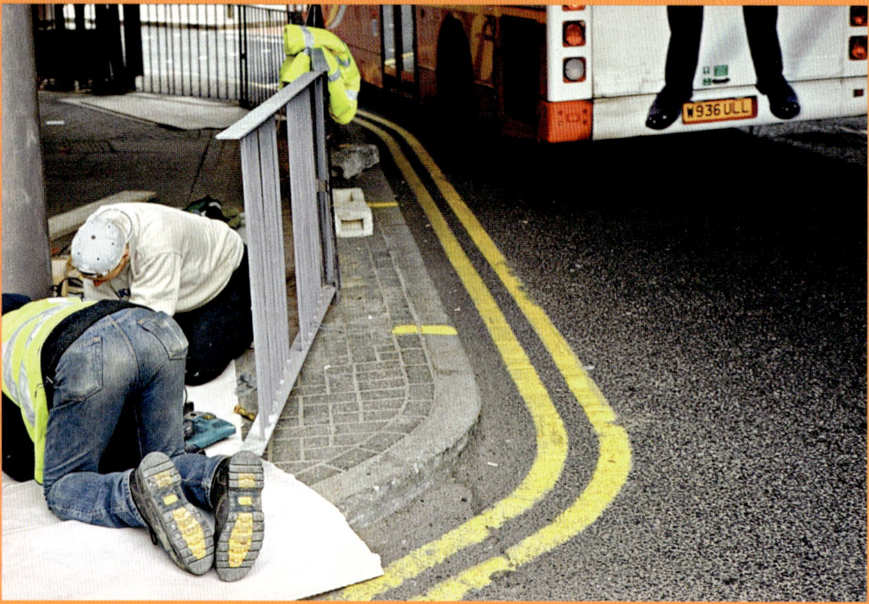


Drake Street, London, 2007

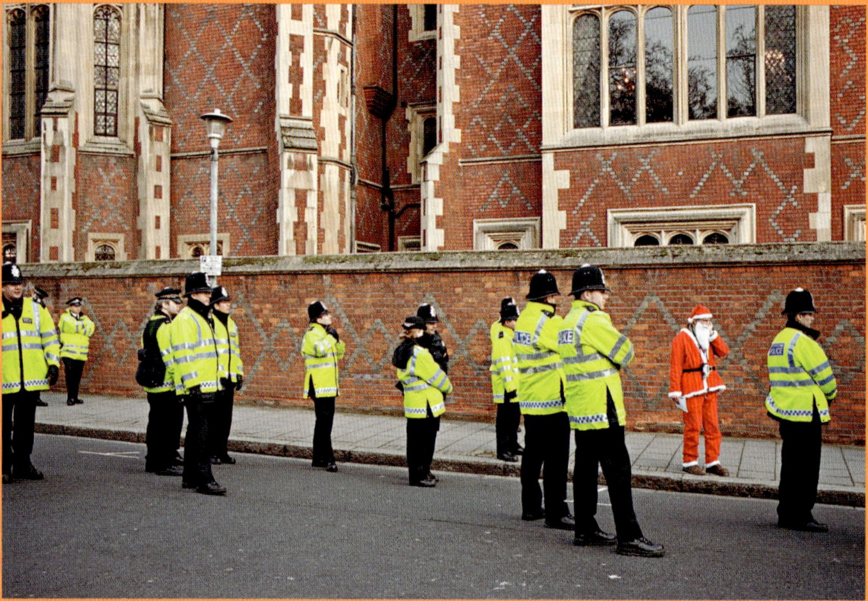

Lincoln's Inn Fields, London, 2006

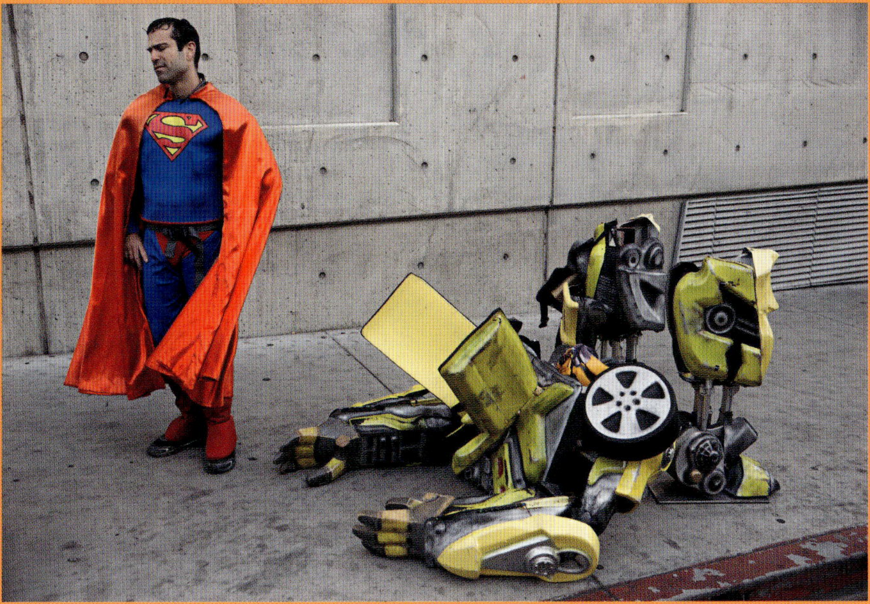

Hollywood Boulevard, 2017

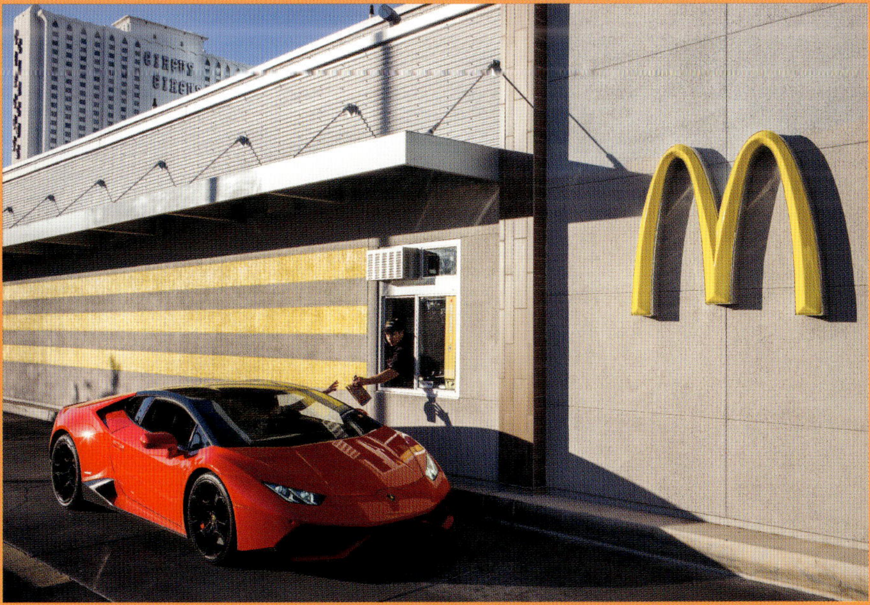

Las Vegas, 2017

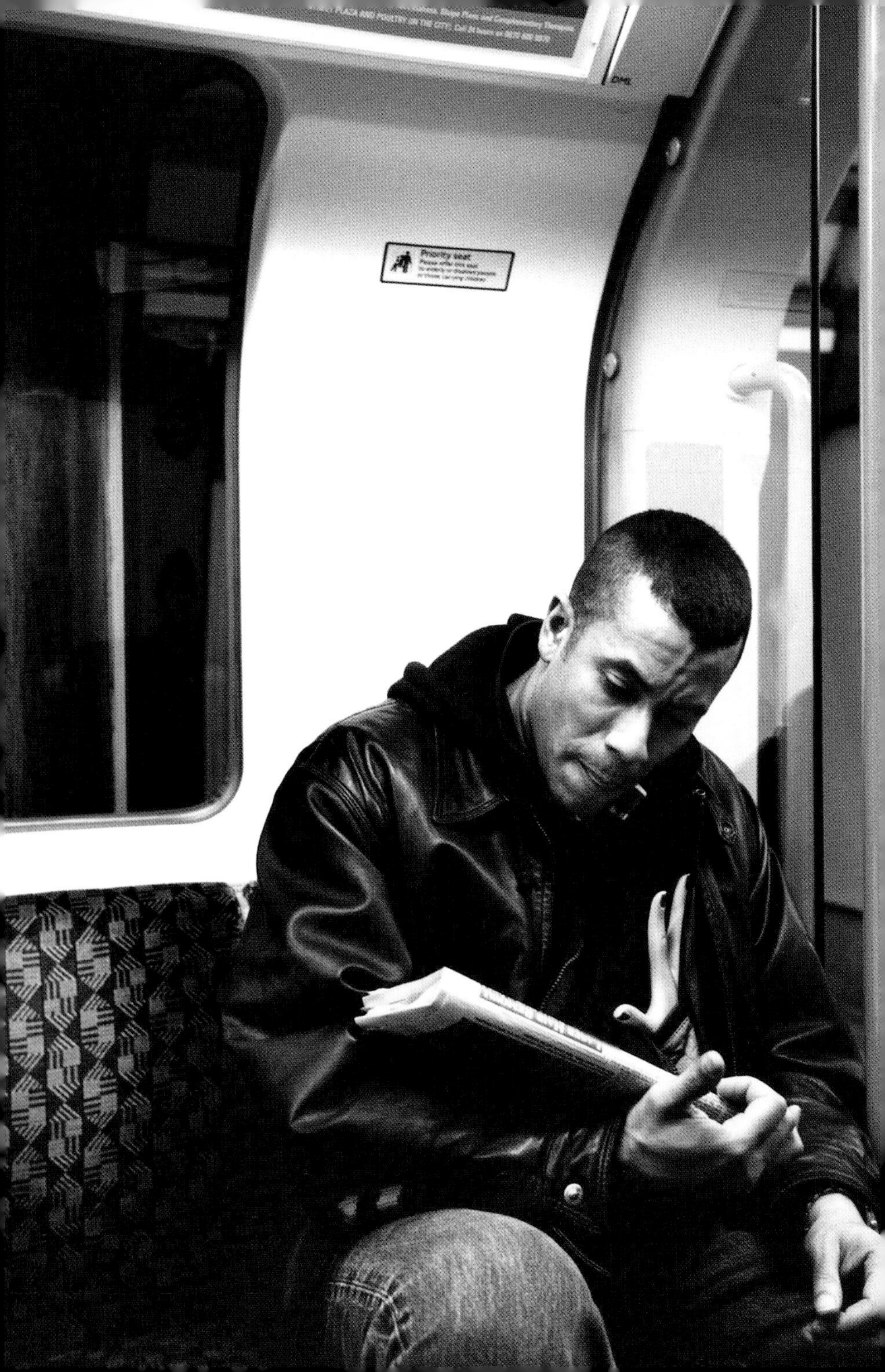
Priority seat

Kapitel 13

# ANSPRECHEN? ODER NICHT?

## Wissen, wann Sie mit dem Motiv in Kontakt treten

Manchmal ist es okay, sich dem Motiv zu nähern, ein andermal ist es besser, im Hintergrund zu bleiben. Diese Entscheidung fällt nicht immer leicht. Wenn Sie im besten Sinn unterwegs und schnell sind, haben Sie nichts zu befürchten.

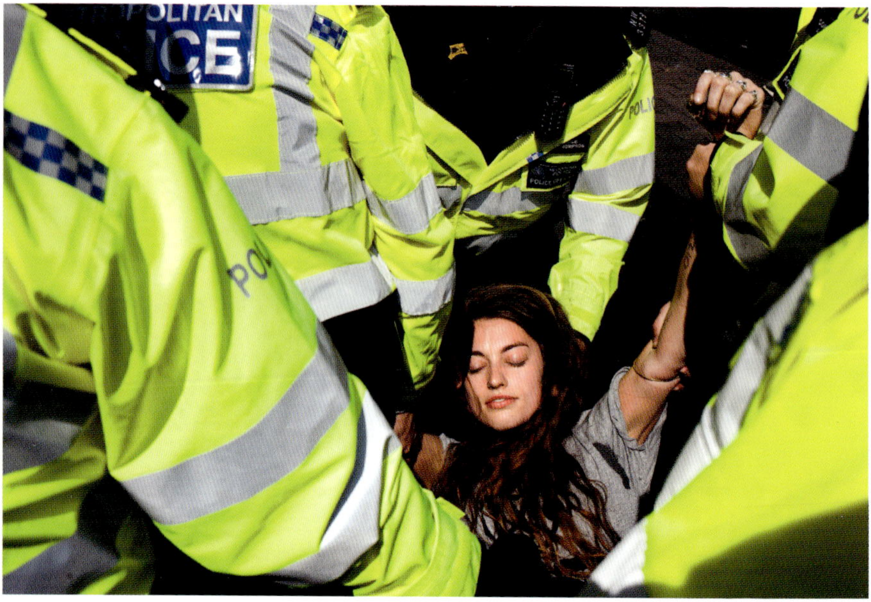

**Seite 76** U-Bahn-Station Bank, London, 2001 **Oben** Regent Street, London, 2019

Generell trete ich nicht in Kontakt mit meinen Motiven. Für mich funktioniert das. Allerdings gibt es Situationen, in denen ich denke: »Tolle Szene! Mist, sie haben mich gesehen. Vielleicht wäre es gut, mit der Person zu sprechen, ein paar Worte schaden dem Bild nicht – und könnten sogar helfen.« Wie Sie sich entscheiden, hängt davon ab, was sich richtig anfühlt und wie Sie die Situation einschätzen.

Ziemlich zu Beginn meiner Karriere begegnete ich in der Londoner U-Bahn einem Mann mit einer abgetrennten Hand (Seite 76), und mein Leben zog an mir vorbei. Nun, nicht ganz. Es war die Hand einer Schaufensterpuppe, und ich weiß nicht, warum er sie dabeihatte, aber ich hatte Angst, dass mir etwas zustoßen könnte, denn der Mann verhielt sich ziemlich seltsam. Trotzdem war meine Neugier geweckt.

Es ist kein brillantes Bild, aber die Geschichte ist gut, und es war ein wichtiger Moment für mich, um die Ängste zu überwinden, was beim Fotografieren in der Öffentlichkeit passieren könnte. Es ist auch ein gutes Beispiel dafür, dass ein paar gut gewählte, selbstbewusste Worte eine potenziell heikle Situation entspannen können. Der Mann stand gegen halb elf Uhr nachts auf dem Bahnsteig, führte Selbstgespräche und fuchtelte mit der Hand der Schaufensterpuppe herum. Ich musste versuchen, ein Foto zu machen.

**»Sie können lernen und üben, wann und wie Sie diese Entscheidung treffen – wann man sich einmischen oder besser zurückhalten sollte.«**

Zu diesem Zeitpunkt hatte ich schon seit einigen Wochen regelmäßig in der U-

Bahn fotografiert, weil ich eine schlafende Person unter einem bestimmten Plakat fotografieren wollte (Seite 33). Folglich wusste ich, wie die Belichtung sein würde (1/60 s bei f/2,8 bei ISO 800). Ich wusste auch, wie weit eine Person mir gegenüber entfernt sein würde. Als ich die Kamera an mein Auge hielt, steckte der Mann die Hand in seine Tasche, sodass sie gerade noch herausschaute. Auf dem dritten Bild bemerkte er, wie ich ihn fotografierte. Innerlich erstarrt, aber äußerlich ruhig, erklärte ich ihm, dass mir die Hand der Schaufensterpuppe gefalle, was auch stimmte. Er bedankte sich und las weiter. Das war's. Meine schlimmsten Befürchtungen hatten sich nicht bewahrheitet.

Bei dieser Gelegenheit war es absolut sinnvoll, ein paar Worte zu sagen – ehrlich und direkt über meine Absichten zu sprechen. Ich habe ein gutes Bild bekommen, aber vor allem habe ich gelernt, dass es manchmal das Beste ist, sich kurz mit einer Person zu beschäftigen – besonders in schwierigen Situationen. Mein Selbstvertrauen wuchs immens.

Sie können lernen und üben, wann und wie Sie diese Entscheidung treffen – wann man sich einmischen oder besser

**»Je öfter Sie in der Öffentlichkeit fotografieren …, desto mehr gewöhnen Sie sich daran, blitzschnell zu entscheiden, wann Sie etwas tun und wann nicht.«**

zurückhalten sollte. Je öfter Sie in der Öffentlichkeit fotografieren und sich mit Ihrer Kamera in der Nähe von Menschen wohlfühlen, desto mehr gewöhnen Sie sich daran, blitzschnell zu entscheiden, wann Sie etwas tun und wann nicht. Ähnlich ergibt sich die Frage, wie nah man an ein Motiv herankommt – nämlich wie man

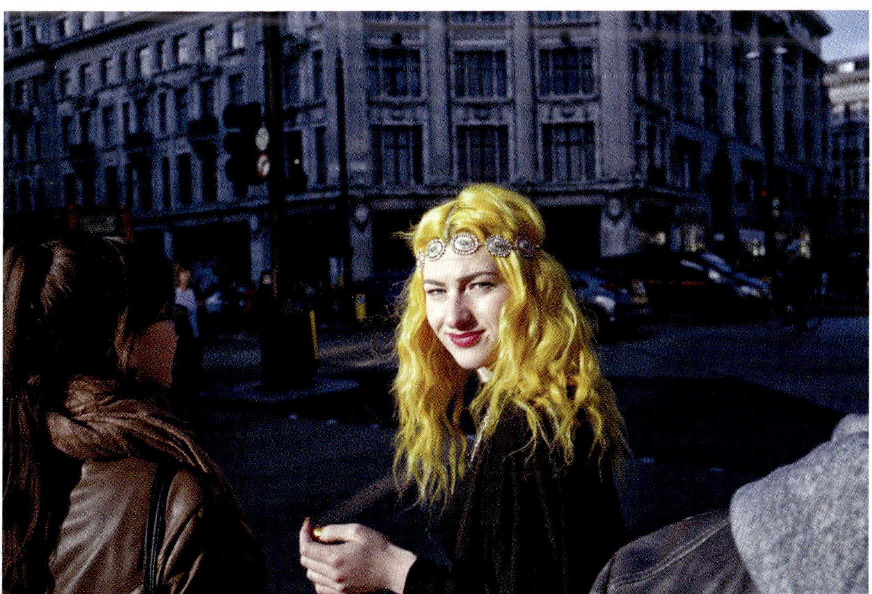

Oxford Circus, London, 2015

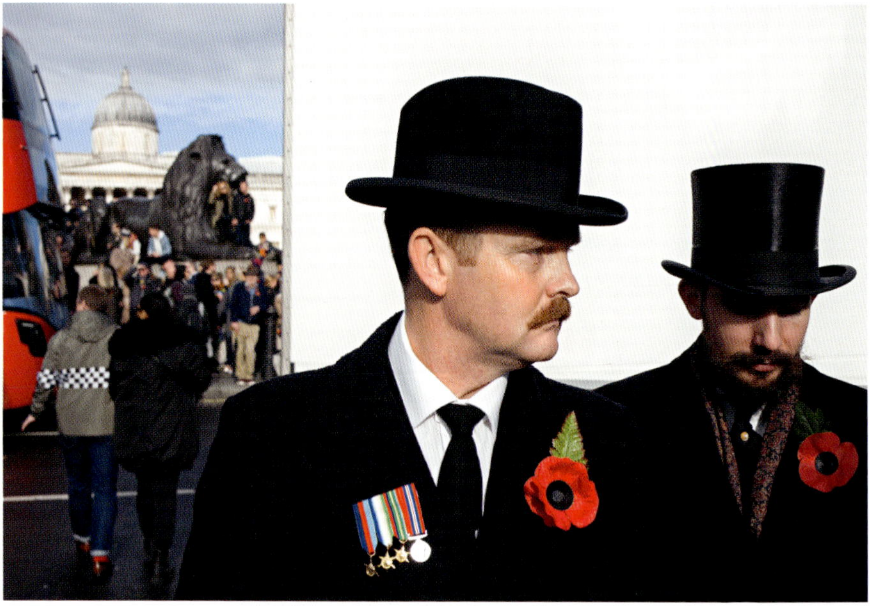

Trafalgar Square, London, 2018

ein Gefühl dafür entwickelt, was akzeptabel ist, wenn man sich in den Schutzraum einer Person begibt. Oft bin ich nur um Haaresbreite von der Person entfernt, die ich fotografiere, und sie wird nicht wis-

**»Ähnlich ergibt sich die Frage, wie nah man an ein Motiv herankommt – nämlich wie man ein Gefühl dafür entwickelt, was akzeptabel ist, wenn man sich in den Schutzraum einer Person begibt.«**

sen, dass ich da bin, aber es gibt Gelegenheiten – etwa, wenn weniger Menschen in der Nähe sind oder wenn die Personen ihren eigenen Sicherheitsabstand halten –, bei denen es schwierig ist. In einem Park zum Beispiel findet man in der Regel einzelne Menschen oder Individuen in einem größeren öffentlichen Raum, und wenn man versucht, sich unauffällig zu nähern, wird man wahrscheinlich, wenn auch nicht immer, schon von Weitem gesehen.

Viele Street-Fotografen sprechen nicht mit ihren Motiven, aber es gibt auch einige – wie Garry Winogrand, Helen Levitt und Joel Meyerowitz –, die sich mit ihnen unterhalten, wenn es für die Aufnahme notwendig ist. Ein Beispiel dafür ist das nebenstehende Bild. Der Mann entdeckte mich, als ich ihn beim Rauchen fotografierte, also lächelte ich, machte ihm ein Kompliment für sein Haar und fragte, ob ich weitermachen könne. Er war damit einverstanden und rauchte weiter. Hätte ich mich an den Ansatz »nicht sprechen« gehalten, wäre das Foto nicht zustande gekommen.

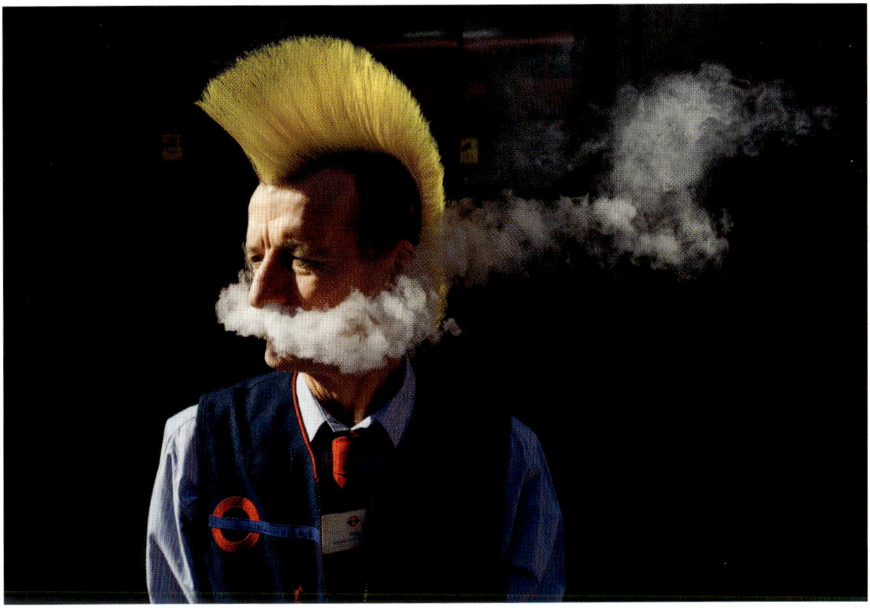

Oxford Circus, London, 2018

## PROBIER'S

Geh' auf dein Motiv zu, wenn es die Situation erlaubt. Es muss authentisch sein, ob du mit der Person in Kontakt trittst oder nicht.

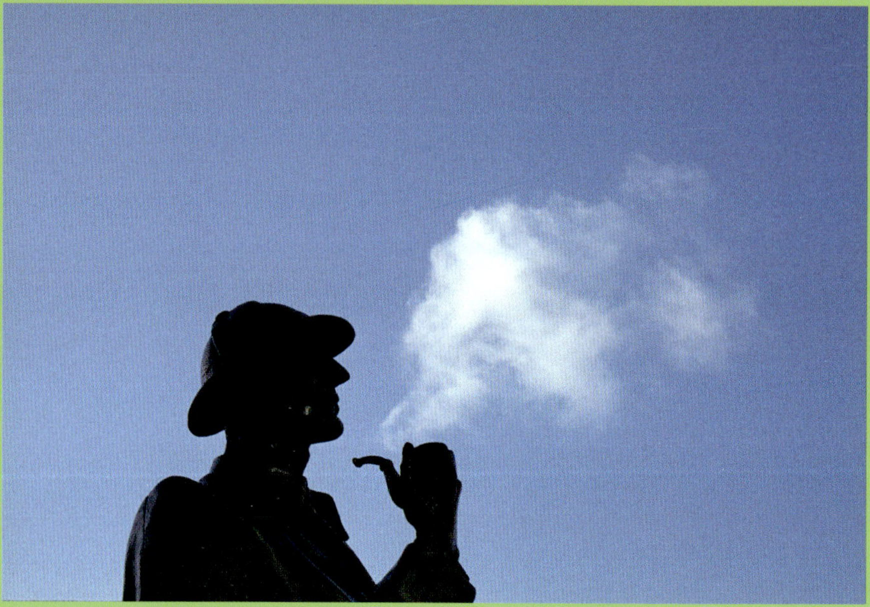

Marylebone Road, London, 2011

Kapitel 14

# 12 PUNKTE FÜR EINE PFEIFE

## Halten Sie nach bestimmten Objekten oder Gesten Ausschau

Fotogene Motive sind überall auf der Straße zu finden, allerdings ist viel Übung nötig, um sie so zu fotografieren, dass sie auch interessant wirken. Halten Sie nach besonderen Motiven oder Themen Ausschau, um Ihr Auge zu trainieren.

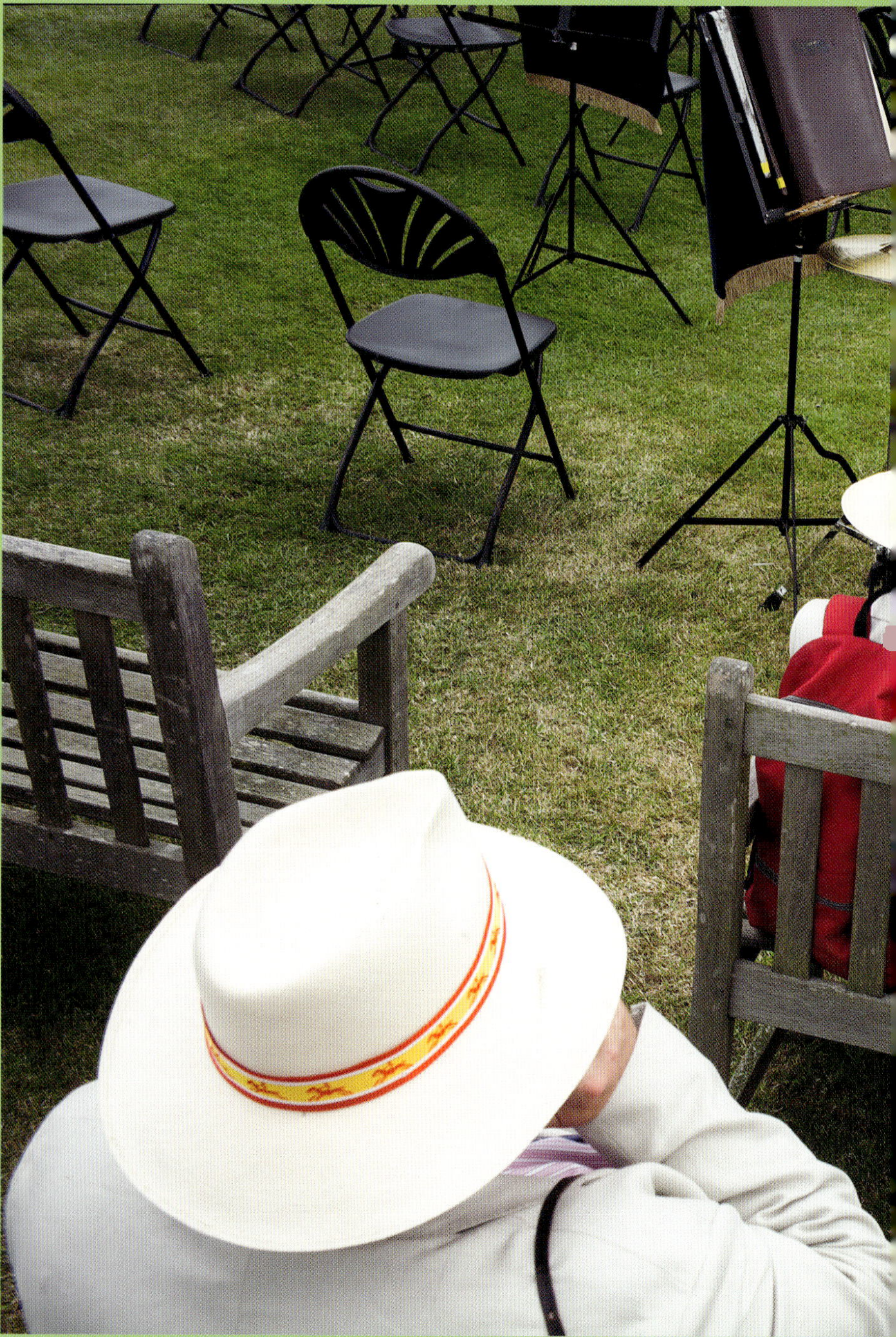

Glorious Goodwood Festival, Chichester, 2015

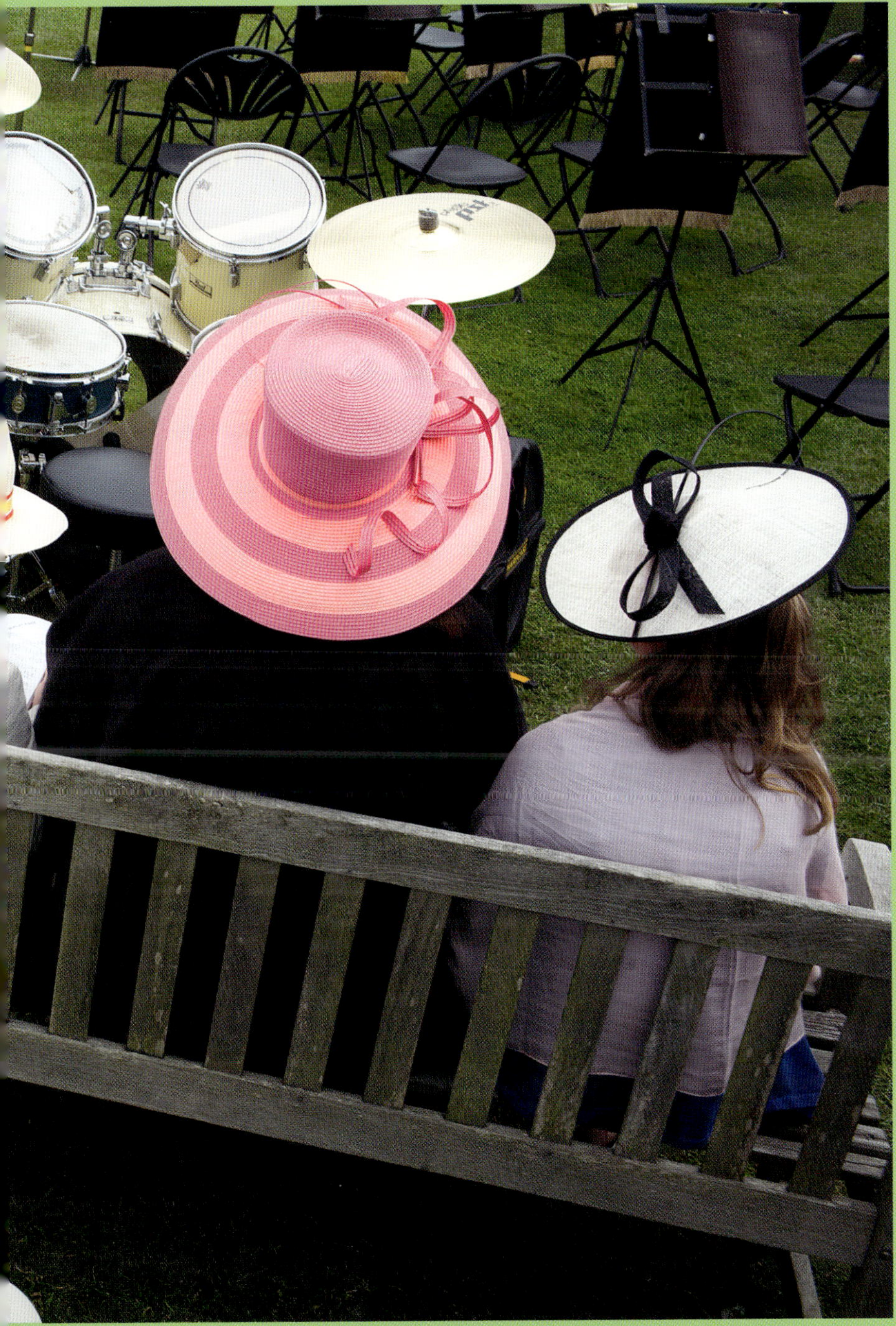

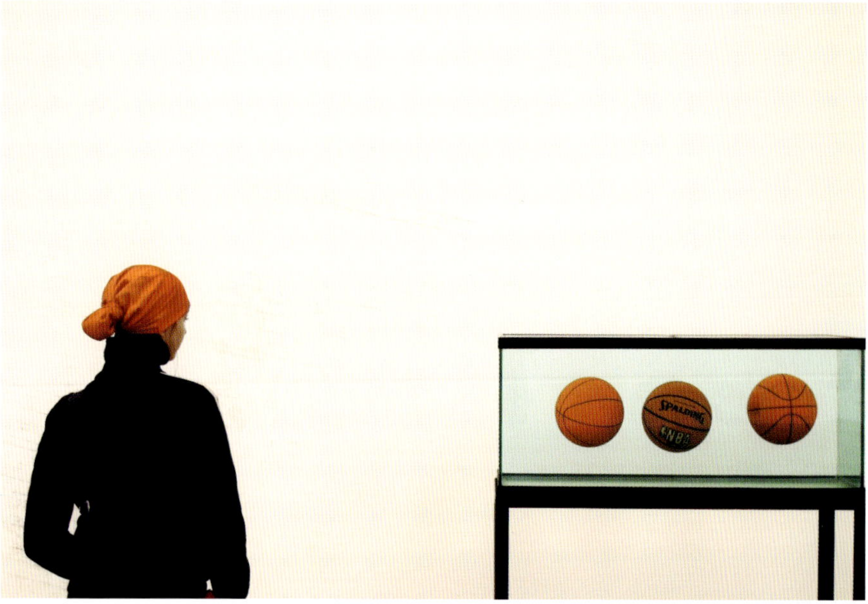


Tate Modern, London, 2002

Pfeifenraucher sind in der Öffentlichkeit selten geworden, und das ist gut so. Aber wenn jetzt jemand raucht, fällt es auf, weil es seltener ist. Das Gleiche gilt für Melonen und Zigarren, Schnurrbärte, Hosenträger, Federboas und so weiter.

Ich habe ein gutes Gespür für Form- und Farbkombinationen – von leuchtend gelben Straßenmarkierungen bis hin zu rot umrandeten Straßenschildern, Briefkästen und Bussen – und manchmal suche ich unbewusst nach diesen Auslösern, um in den Flow zu kommen. Es besteht zwar die Gefahr, dass man sich von dem, was ich als »grafischen Blödsinn« bezeichne, mitreißen lässt, aber es kann eine nützliche Methode sein, um die eigene Kreativität anzukurbeln.

Fotogene Motive zu finden, ist die eine Sache, aber ein interessantes Bild zu machen, eine ganz andere. Was helfen kann, ist »Skizzieren« – mit Ideen spielen, indem man fotografiert und nicht zu viel nachdenkt. Vielleicht fotografieren Sie einen Schnörkel an der Wand oder eine Plastiktüte, die eine seltsame Form hat. Es macht nichts, wenn es nicht perfekt ist, denn es ist eine Skizze. Es kommt darauf an, wie Sie sich um ein Bild bemühen. Strecken, ein kleiner Sprung – all das hilft, um für das Bild bereit zu sein. Die meisten Fotos sind

**»Fotogene Motive zu finden, ist die eine Sache, aber ein interessantes Bild zu machen, eine ganz andere.«**

Skizzen, und nichts gehört in einen goldenen Rahmen – also: Mut zur Skizze! Überall in London und in anderen Städten gibt es Plakate oder Schaufenster, die sich hervorragend als Hintergrund eignen. Halten Sie danach Ausschau und prüfen Sie, ob Sie

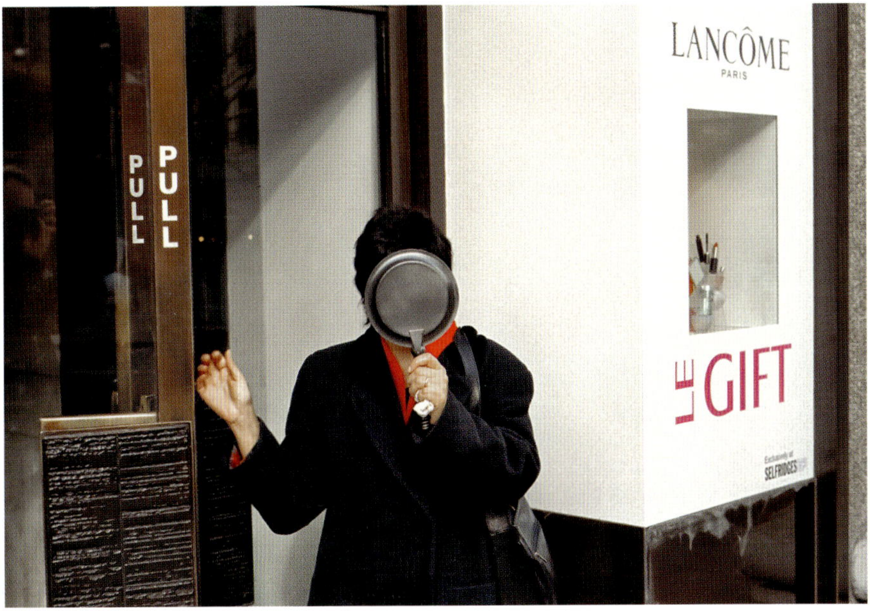


Oxford Street, London, 2007

sie in einer Komposition verwenden können, nur so zum Spaß. Denken Sie daran, dass Sie nicht auf ein tolles Foto abzielen – Sie skizzieren nur – Sie spielen. Henri Cartier-Bresson war ein Meister darin, Hintergründe geschickt zu nutzen. Er wählte den Hintergrund und wartete, bis sein Motiv hindurchlief. Wenn alles passte, drückte er auf den Auslöser. So waren seine Bilder sowohl Glück als auch das Ergebnis einer sorgfältigen Planung und Beobachtung.

Sie müssen sich der Straße nicht immer auf diese Weise nähern. Sie brauchen nicht ständig nach Themen oder Motiven zu suchen. Aber es könnte Ihnen einen Schub oder ein neues Gefühl der Zielstrebigkeit geben, das wir alle hin und wieder brauchen.

## PROBIER'S

**Stell' Dir selbst Aufgaben. Sammle Dinge! 12 Punkte, wenn Du einen Pfeifenraucher entdeckst. Einen Punkt für eine Person am Handy. Bleib' aufmerksam!**

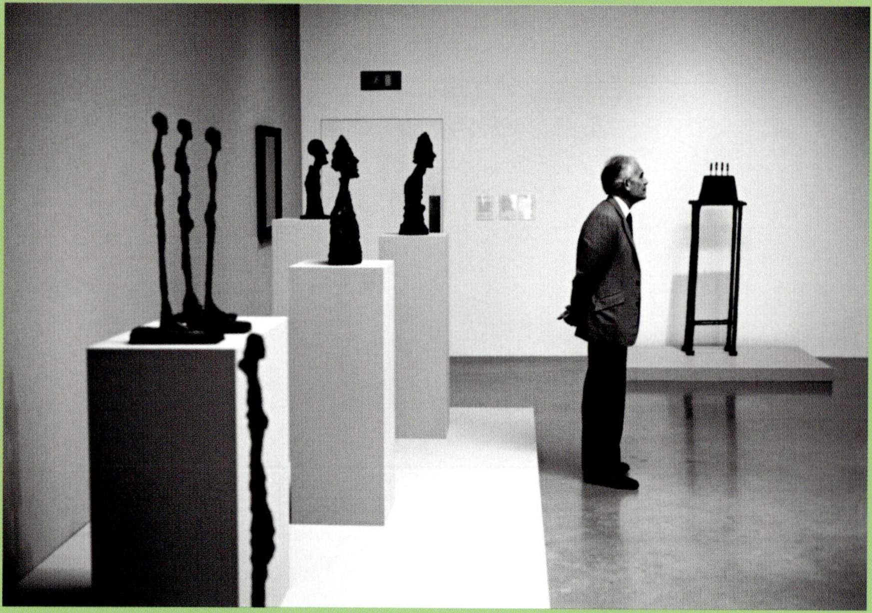

Tate Modern, London, 2000

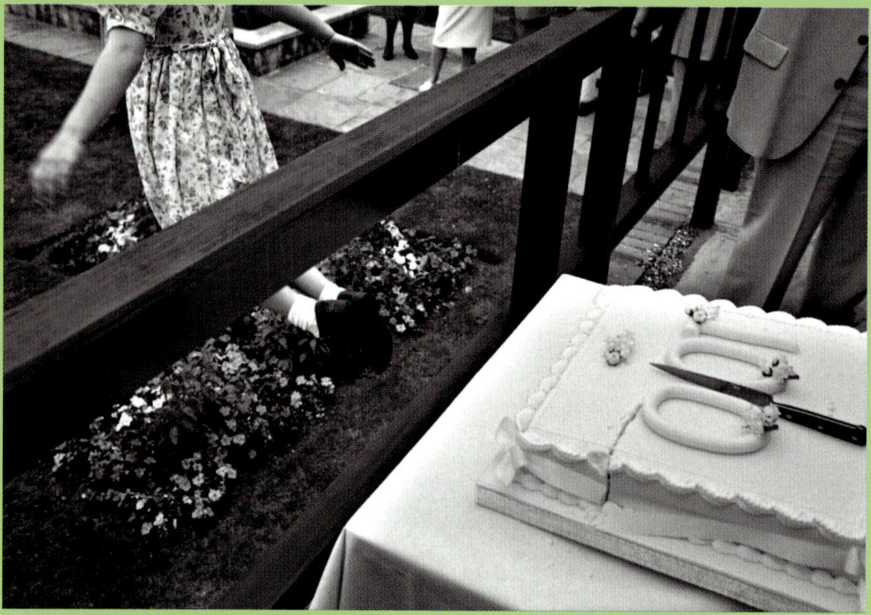

Bromley, London, 2000

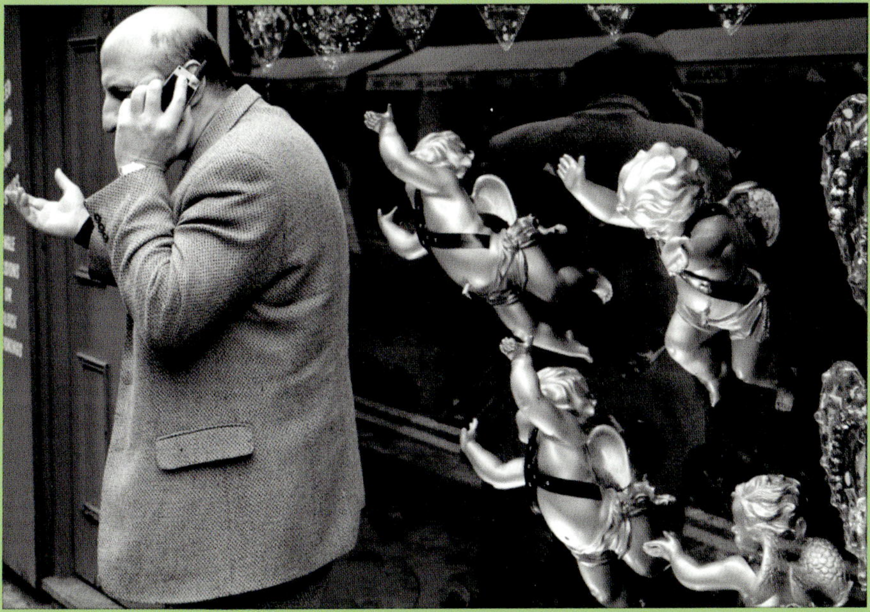

Old Compton Street, London, 2001

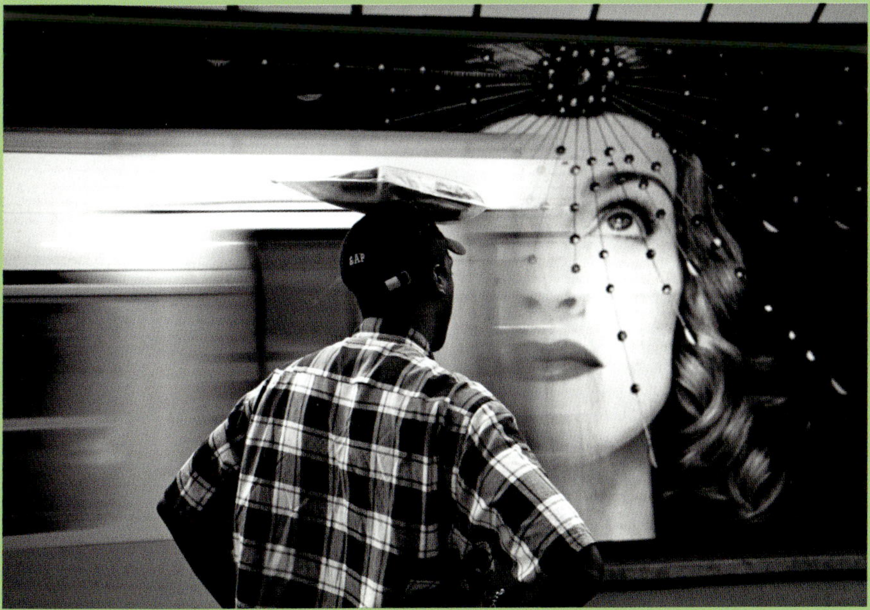


U-Bahn-Station Moorgate, London, 2001

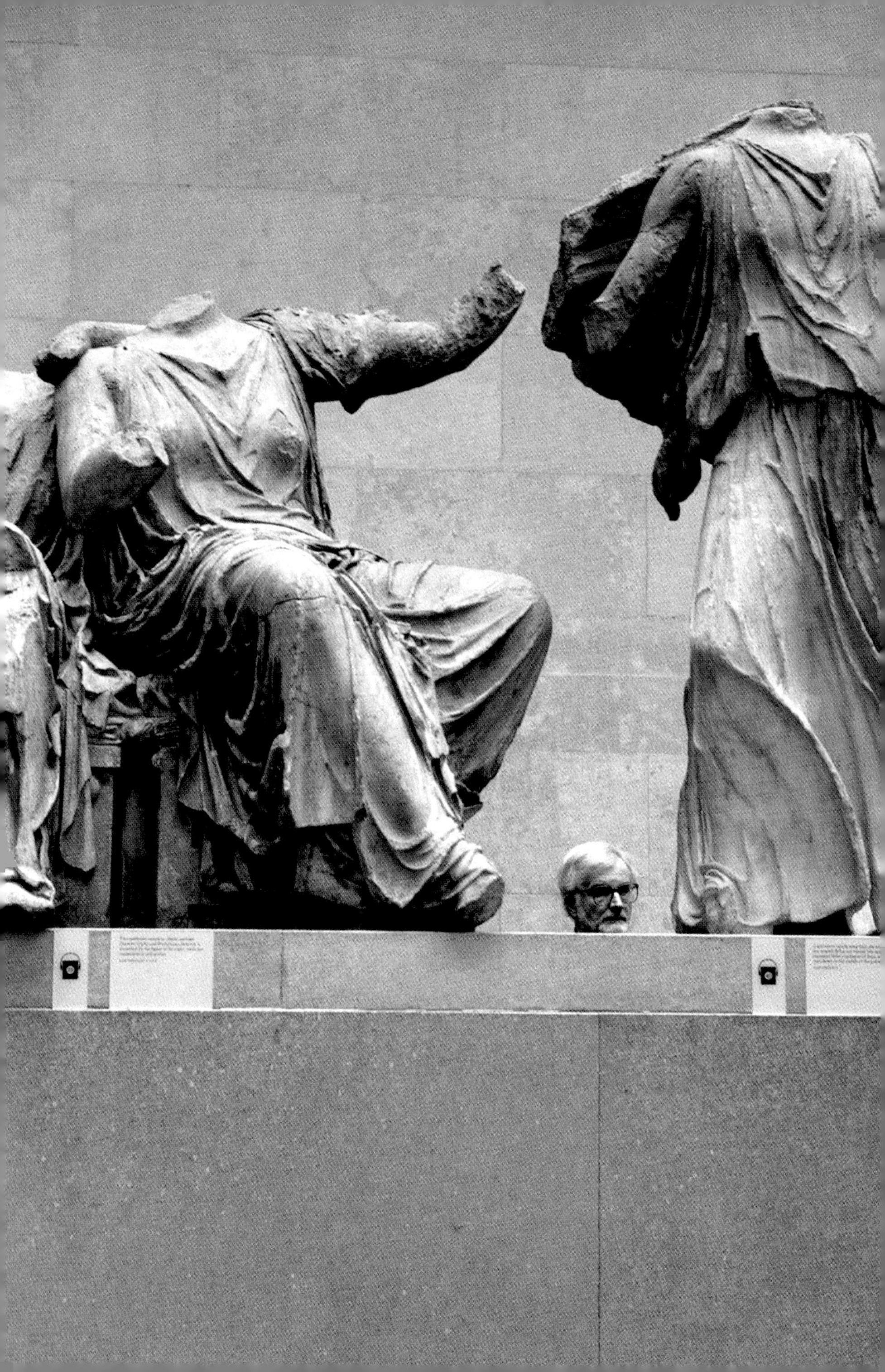

Kapitel 15

# HA HA BONK!

## Scherze und Gegenüberstellungen

Lustige Bilder passieren nicht einfach so;
sie entstehen durch Übung und dem häufigen
Besuchen immer derselben Szenen.
Ich liebe Einzeiler, aber gut müssen sie sein.

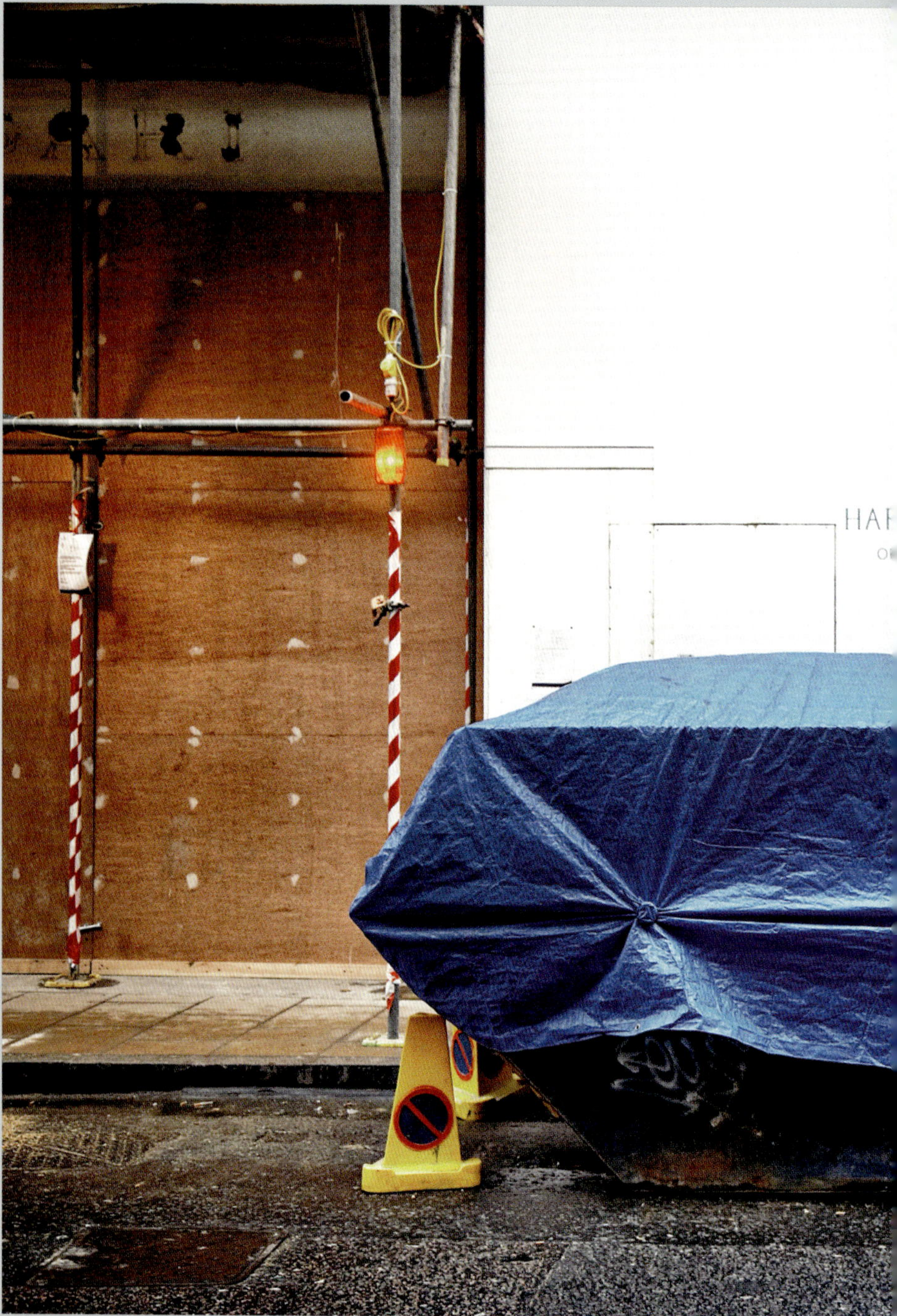

**Vorherige Seiten** British Museum, London, 2002 **Oben** New Bond Street, London, 2006

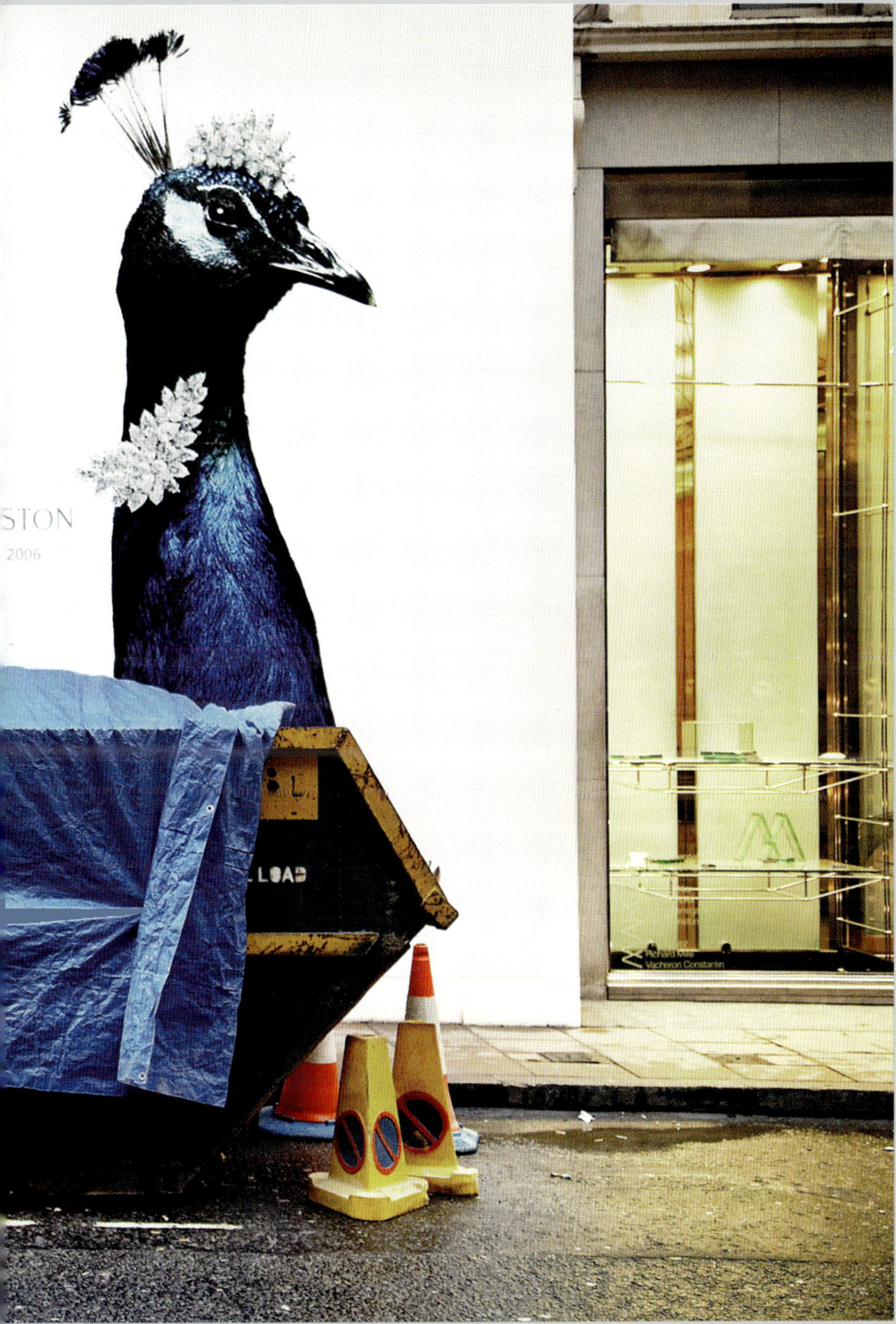

STON
2006
LOAD
Richard Mille
Vacheron Constantin

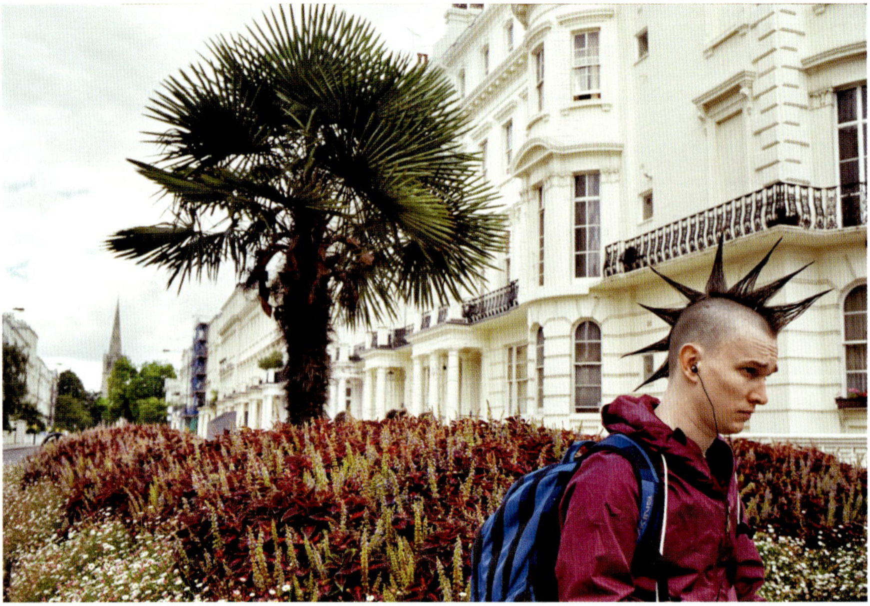

Kensington Park Road, London, 2014

Lustige Gegenüberstellungen, visueller Witz, wie Sie es auch nennen wollen – in der Street-Fotografie gibt es jede Menge Bilder, die lustig, clever oder beides sind. Ich habe solche Bilder auch gemacht. Da ist der Pfau (Seiten 92–93), der Mann mit den zu Stacheln gegelten Haaren, der an einem stacheligen Baum vorbeigeht, und der Mann mit der auf seine Nase gerichteten Anzeige (gegenüber). Die Menschen erinnern sich an diese Bilder, weil sie kompositorisch stark, kühn und einnehmend sind. Mit dem Pfauenbild

**»In der Street-Fotografie gibt es jede Menge Bilder, die lustig, clever oder beides sind.«**

war der Rahmen abgesteckt. Ich war sechs Monate lang an dem Geschäft vorbeigegangen und hatte die Pfauenwerbung unterschiedlich fotografiert, aber nichts hatte so richtig funktioniert. Eines Tages stand vor dem Laden dieser farblich passende Container, und ich wusste, das war es. In vielerlei Hinsicht war es eine einfache Aufnahme – es sind nur zwei Dinge, die nebeneinander stehen, und sie mussten geradeaus aufgenommen werden. Das Schwierige daran war, dass ständig Leute vorbeigingen, und ich keine Fußgänger auf meinen Bildern haben wollte. Ich habe eine Menge Fotos von dieser Szene mit Menschen, aber keines funktionierte, denn die Menschen lenken ab. Irgendwann bekam ich die leere Aufnahme, die ich wollte.

Behandeln Sie Ihr Motiv keinesfalls überheblich, denn das kann zu gemeinen, herablassenden Bildern führen, statt zu cleveren oder lustigen. Respektieren Sie Ihr Motiv und die Betrachter.

Obwohl ich kein Problem damit habe, Klischees, Humor und Witz zu nutzen, rate ich zur Vorsicht – hüten Sie sich vor den »un-

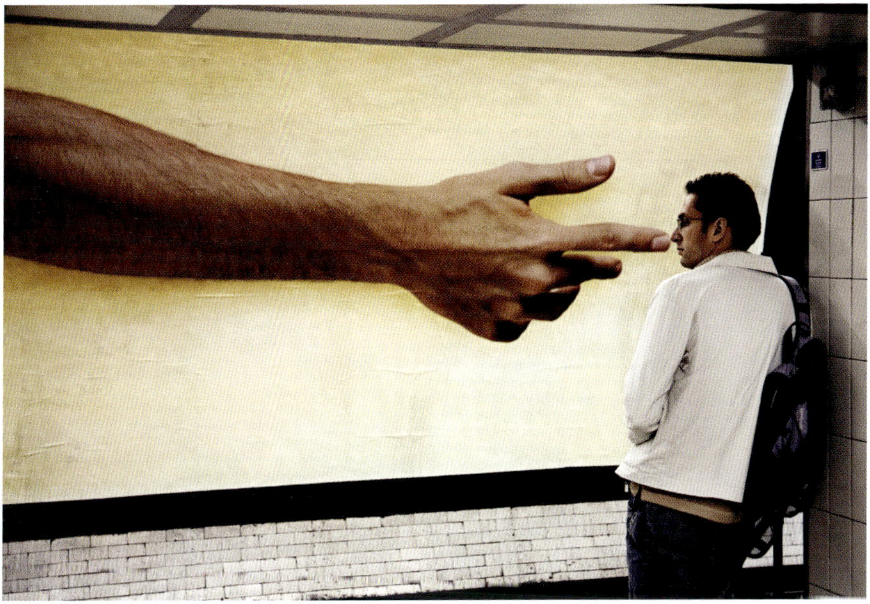

U-Bahn-Station Moorgate, 2004

lustigen Witzen«. Das sind Bilder, die Sie für lustig halten, oder Gegenüberstellungen, die Sie für witzig halten, die es aber nicht (oder nicht mehr) sind. Sie sind einfach abgedroschen, wurden schon häufig fotografiert und Sie wiederholen sie einfach nur, und zwar schlecht. Ich bin für visuelle Gags und Schenkelklopfer, aber sie müssen gut sein.

**»Behandeln Sie Ihr Motiv keinesfalls überheblich, das kann zu gemeinen, herablassenden Bildern führen.«**

## PROBIER'S

Schau Dir die Bilder auf streetrepeat.org an – das ist ein guter Test, ob dein Bild von der Straße wirklich originell ist. Die tollsten Wiederholungen sind dort zu finden.

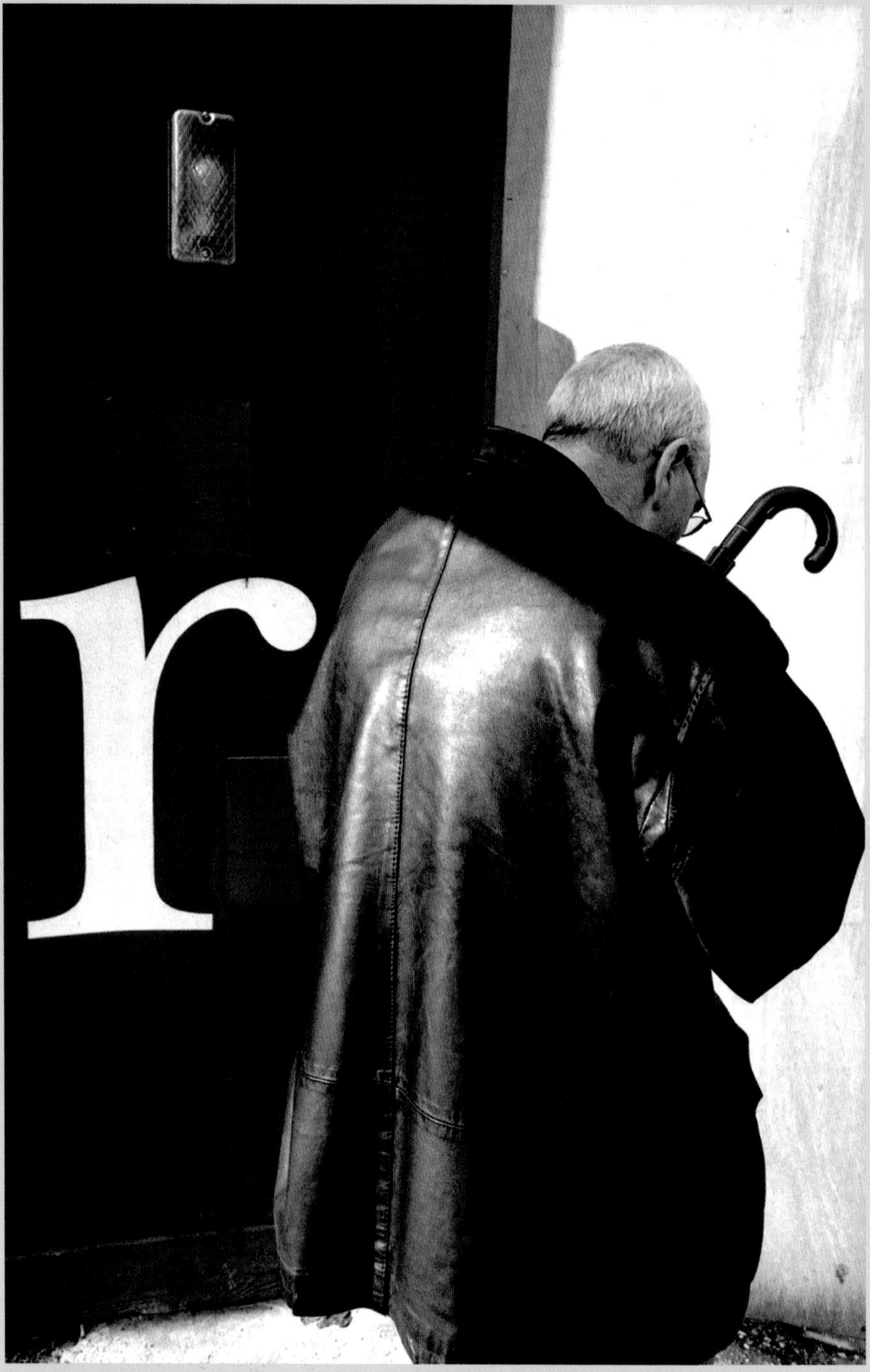
r

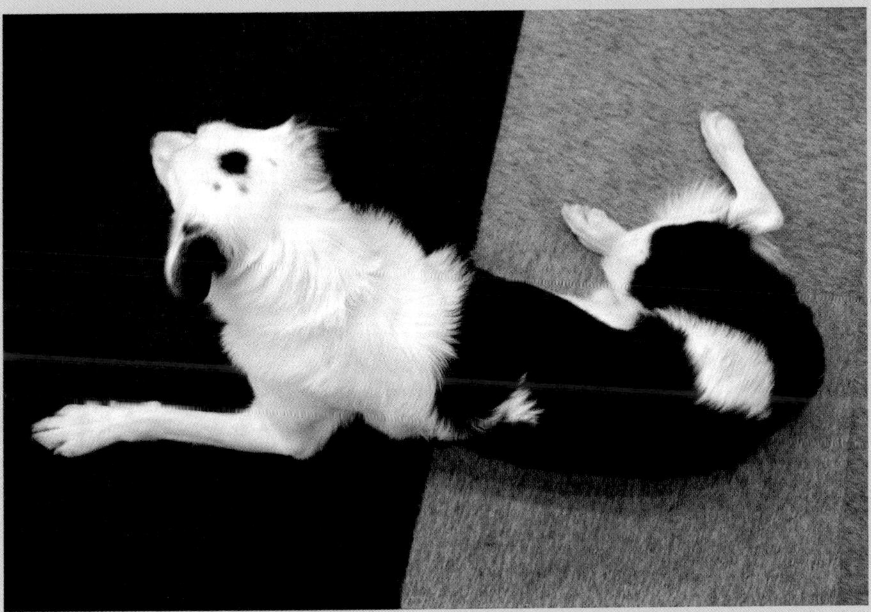

**Gegenüber** Paternoster Square, London, 2003 **Oben** Earls Court, London, 2000

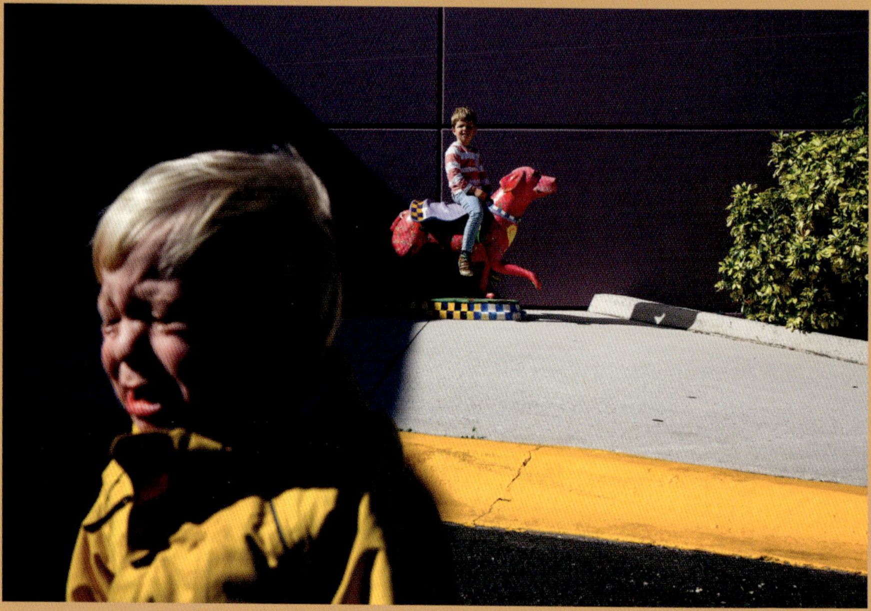

Florida, 2017

Kapitel 16

# FESSELN UND BELOHNEN

## Fangen Sie die Betrachter ein und halten Sie sie bei der Stange

Was die Komposition angeht, gibt es keine Regeln. Wenn Ihnen etwas interessant erscheint, fotografieren Sie es erst, bevor Sie darüber nachdenken, ob es sich in ein größeres Konzept einordnen lässt, in dem mehrere Dinge gleichzeitig passieren.

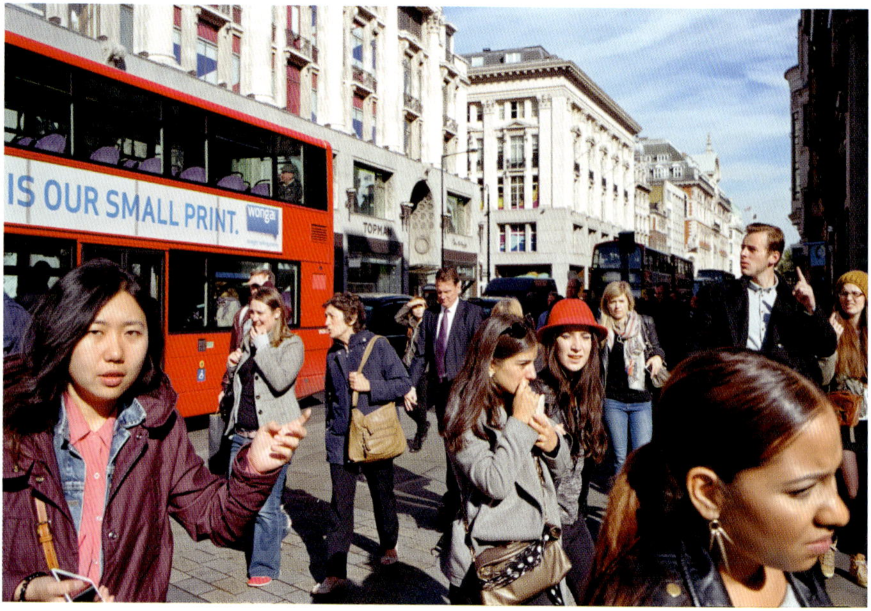


Oxford Circus, London, 2014

Was die Komposition angeht, gibt es weder richtig noch falsch – nur unterschiedliche Ansätze.

Schnappschüsse, die einen förmlich ins Auge springen, gehören zu meinen Lieblingsbildern – sie geben einem das Gefühl, dass der Fotograf nicht allzu viel nachgedacht hat, obwohl er oder sie das durchaus hätte tun können.

Dann gibt es die Bilder, die überlegter erscheinen und oft viele Komponenten enthalten, die zusammengefügt sind. Diese Bilder entstehen oft beim »Fischen«. Wenn Sie sich etwas länger mit den Arbeiten von Alex Webb, Tony Ray-Jones und Lee Friedlander beschäftigen, werden Sie feststellen, dass ihre Fotografien nicht nur fesseln, sondern dem Betrachter auch etwas zurückgeben.

Nehmen Sie das Bild oben, das ich am Oxford Circus aufgenommen habe. Auf den ersten Blick eine ganz normale, belebte Straßenszene mit Menschen, die in alle Richtungen kommen und gehen, und vielen kleinen Ereignissen. Damals suchte ich Zeigefinger. Es gibt sieben Zeigefinger, versuchen Sie, sie zu entdecken. Mir gefällt auch, wie gut die Farben zusammenpassen – überall gibt es lila, blaue und rote

**»Was die Komposition angeht, gibt es weder richtig noch falsch – nur unterschiedliche Ansätze.«**

Flecken. Bei einem Bild wie diesem, bei dem sich die Handlung über das gesamte Bild erstreckt, sollten Sie auf das Geschehen an den Rändern genauso achten wie in der Mitte, denn die Ränder halten das Bild zusammen.

Der Fotograf Cristóbal Hara ist ein Meister der schrägen Komposition. Manchmal lohnt es sich, von einer Szene Abstand zu nehmen und herauszufinden, wie man

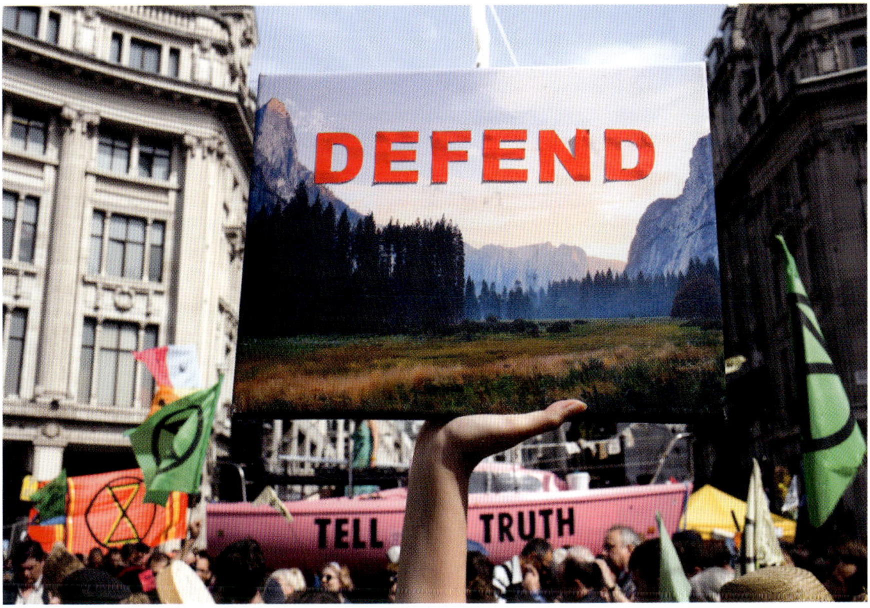


Oxford Circus, London, 2019

sie verunstalten kann – also das Foto visuell interessanter gestalten, anstatt es klassisch zu komponieren. Aber machen Sie sich keine Gedanken, was Sie tun sollten, was nicht oder was andere Leute getan haben, denn Sie werden in dem ertrinken, was bereits geschehen ist. Wahrscheinlich ist alles schon einmal fotografiert worden; die Frage ist nur, ob Sie es gesehen und fotografiert haben!

Ganz gleich, ob Sie den Ansatz »weniger ist mehr« bevorzugen oder Bilder mit mehreren interessanten Punkten komponieren, tun Sie, was Ihnen richtig erscheint, und hüten Sie sich davor, andere zu imitieren. Wir alle lassen uns von Fotografen inspirieren. Daran ist nichts auszusetzen, aber saugen Sie alles auf und machen Sie dann die Bilder, die nur Sie machen können.

## PROBIER'S

**Versuche, die Haupthandlung »abzulehnen«, indem du sie am Bildrand anordnest. Fotografen sind darauf gepolt, das Wichtigste in der Bildmitte zu platzieren. Probier's aus, ob du davon wegkommst.**

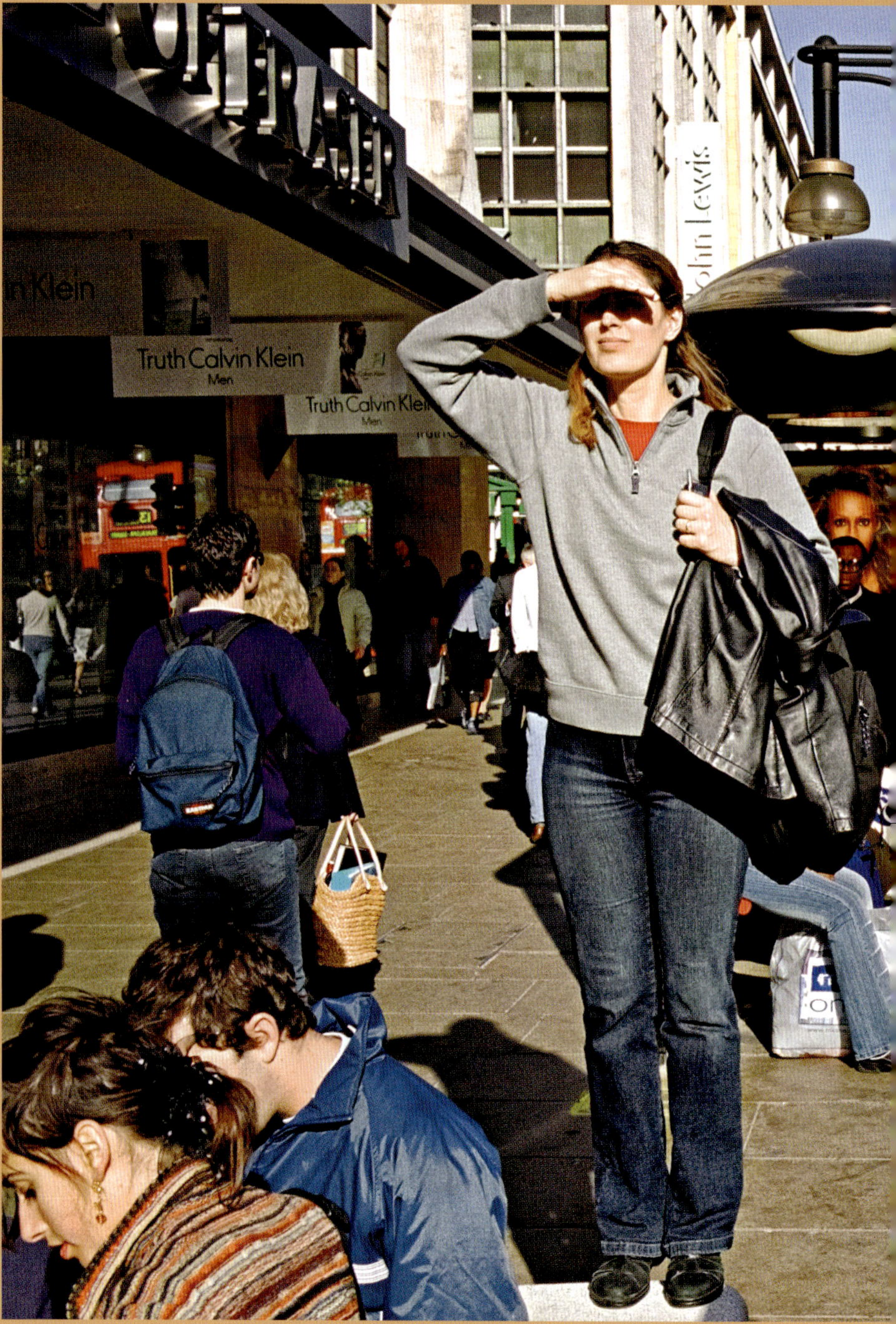


Oxford Street, London, 2004

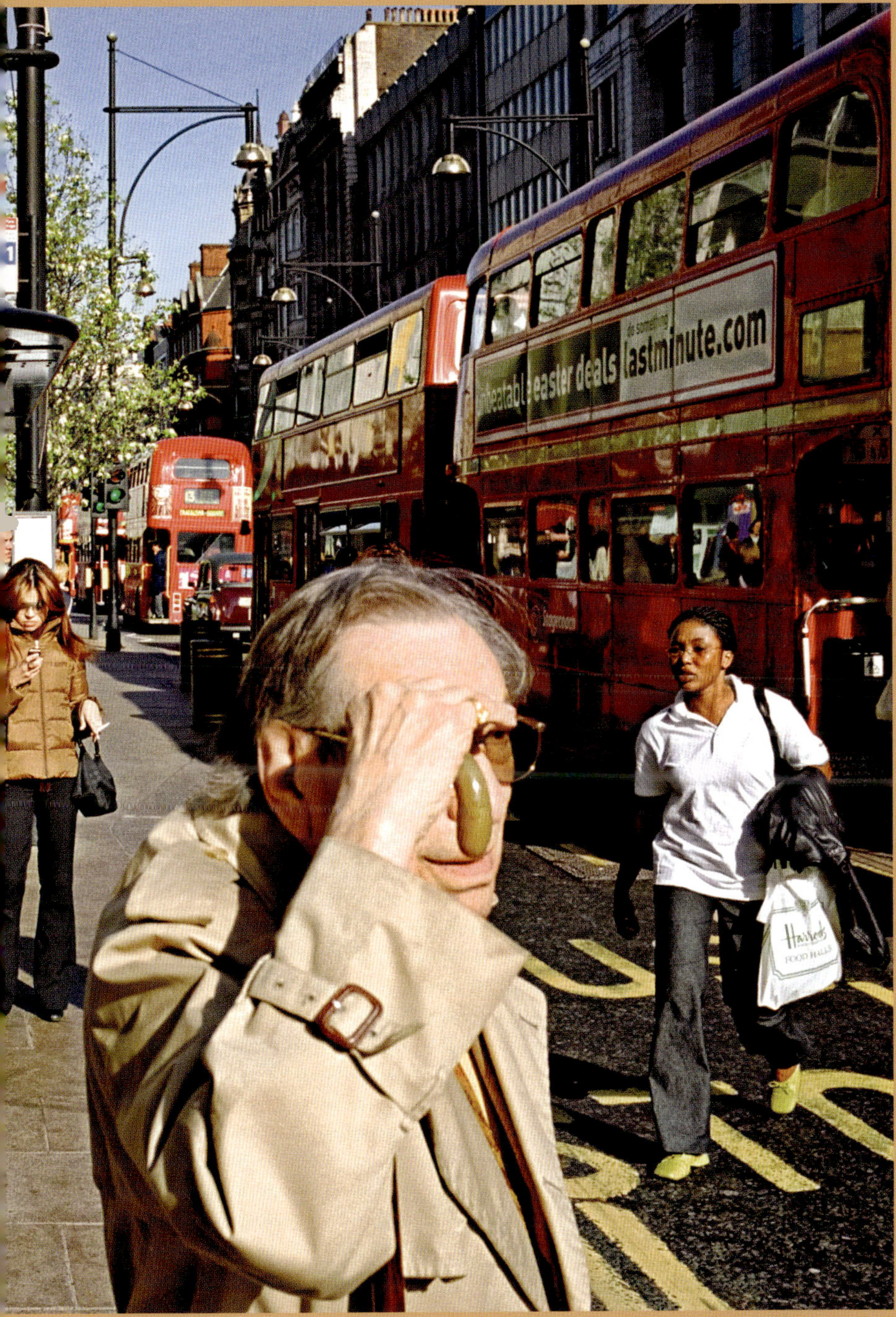
easter deals
lastminute.com

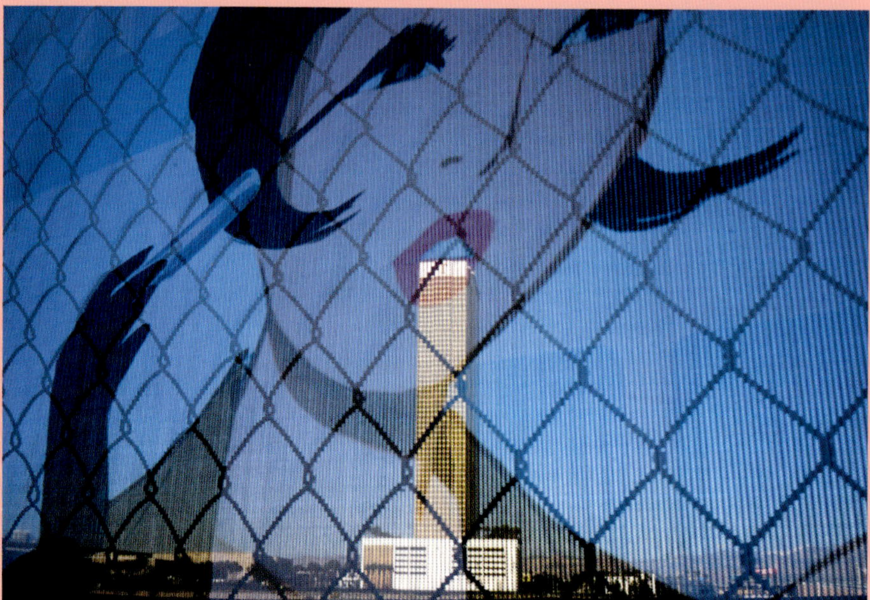

Las Vegas, 2017

Kapitel 17

# WIE WÄR'S HIER?

## Raus aus der Komfortzone

Street-Fotografie ist Haltungssache, eine Art, die Dinge zu sehen, die sich auf jede Situation anwenden lässt, nicht nur auf jede Straße. Wechseln Sie die Umgebung, seien Sie offen für Gelegenheiten, die sich einfach so ergeben.

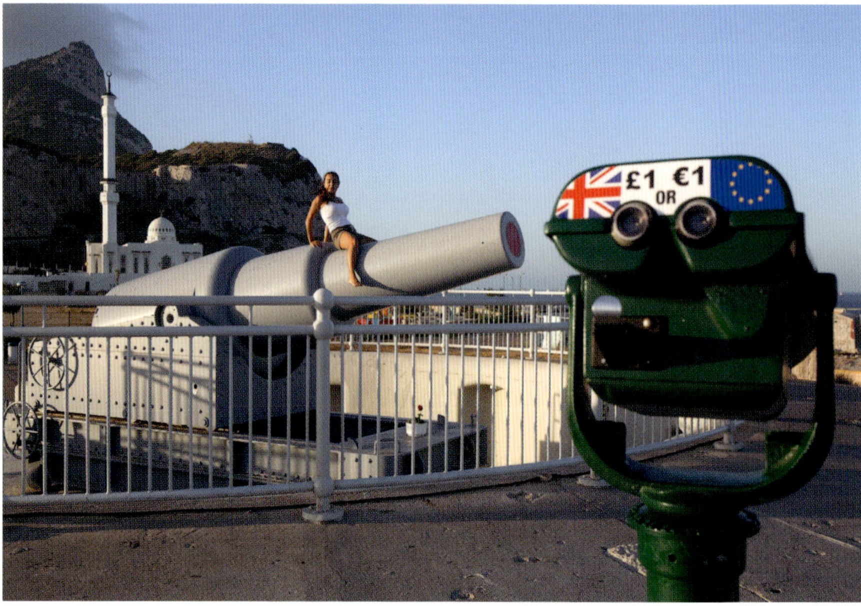


Gibraltar, 2017

Street-Fotografie ist Einstellungssache, ein Geisteszustand, eine Lebensart – und nicht etwas, das sich nur auf städtischen Straßen abspielt. Wenn Sie ein echter Street-Fotograf sind, bleiben Sie das immer, egal wo auf der Welt Sie sich gerade befinden. Obwohl London seit vielen Jahren mein Revier ist, habe ich mich nie auf diese eine Stadt beschränkt. Ich habe oft abseits der Straßen fotografiert und mich für Orte entschieden, bei denen es mehr auf die Umgebung oder die Stimmung ankommt als auf den ständigen Strom von Fußgängern.

Auf dem Foto auf den Seiten 108–09, das in Gibraltar aufgenommen wurde, sind überhaupt keine Menschen zu sehen, sondern nur ein Affe. Er sitzt in einem Fenster eines baufälligen Gebäudes, das auf das Meer hinaus schaut, während an der schmutzigen Wand eine riesige Graffiti-Qualle zu sehen ist.

Ich möchte zeitgemäße Fotos machen, und in den letzten Jahren habe ich festgestellt, dass ich mich viel mehr dafür interessiere, Orte mit einem politischen Bezug zu fotografieren. Allerdings möchte ich mich nicht zu sehr in die Politik einmischen, obwohl das Bild von Präsident Trump auf der gegenüberliegenden Seite… nun ja, Sie können sich Ihre eigene Meinung bilden. Ich beobachten, was in der Gesellschaft im Moment passiert, weil es so interessant ist. Ich mag es, dass man mit der Fotografie etwas ausdrücken kann, das ernst und politisch oder komisch und lustig ist.

Das Bild oben, ebenfalls in Gibraltar aufgenommen, kommt einem Ein-Bild-Brexit-Bild so nahe wie nie zuvor. Ich habe es während der Unruhen in den Monaten nach dem knappen Votum Großbritanniens für den Austritt aus der EU aufgenommen. Ich liebe das lächelnde Gesicht der Frau und die Art und Weise, wie dieses mas-

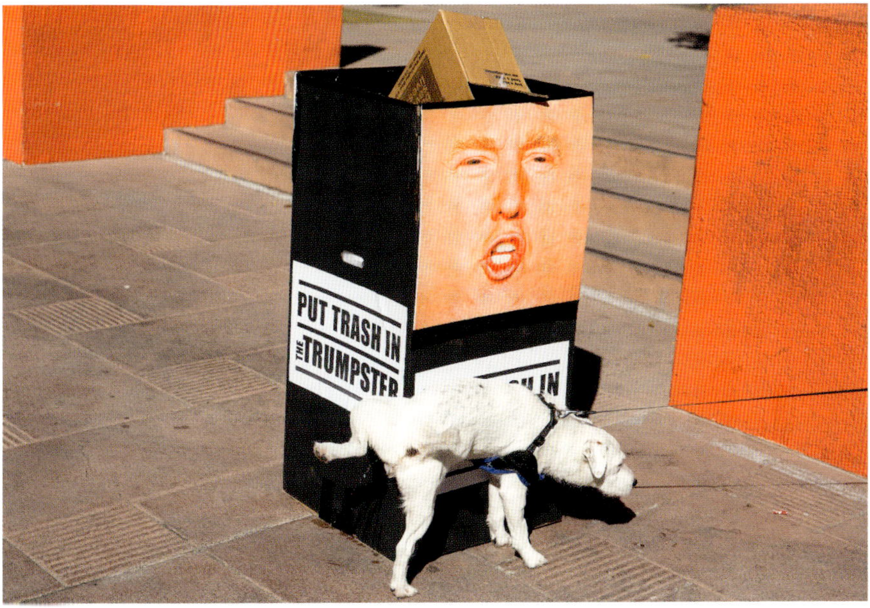


Pershing Square, Los Angeles, 2018

sive Geschütz auf das Teleskop gerichtet ist, auf dem sowohl die britische als auch die EU-Flagge zu sehen ist. Mir gefällt es als glücklicher Moment, bevor alles in die Luft fliegt, metaphorisch gesprochen. Es ist ein Bild, das auch mit dem Blick spielt – das Teleskop ähnelt einer seltsamen, roboterähnlichen Kreatur, die gleichzeitig zu uns zurück und nach draußen blickt.

**»Street-Fotografie ist Einstellungssache, ein Geisteszustand, eine Lebensart – und nicht etwas, das sich nur auf städtischen Straßen abspielt.«**

Vor allem bei Ländern oder Orten mit einer gewissen politischen Brisanz müssen Sie herausfinden, wo es heiß ist und wo nicht. Wie in jeder anderen Stadt gelten auch hier die gleichen Ratschläge, um den richtigen Ort, das richtige Licht und die richtige Tageszeit zu finden, wann viel los ist und wann nicht. Wenn Sie an einem neuen Ort fotografieren, sollten Sie zunächst versuchen, ein Gefühl für dafür zu bekommen, indem Sie ihn ein paar Tage lang erkunden.

Es ist auch ratsam, die örtlichen Gepflogenheiten zu kennen und zu wissen, was man tun und lassen sollte. Wenn Sie wissen, was Anstoß erregen könnte, vermeiden Sie nicht nur soziale Unannehmlichkeiten, sondern gewinnen auch Selbstvertrauen, wenn Sie mit Ihrer Kamera unterwegs sind. Wenn Sie wissen, dass Sie nichts Falsches tun, werden Sie eine gute Ausstrahlung haben und die Leute werden Sie weniger belästigen.

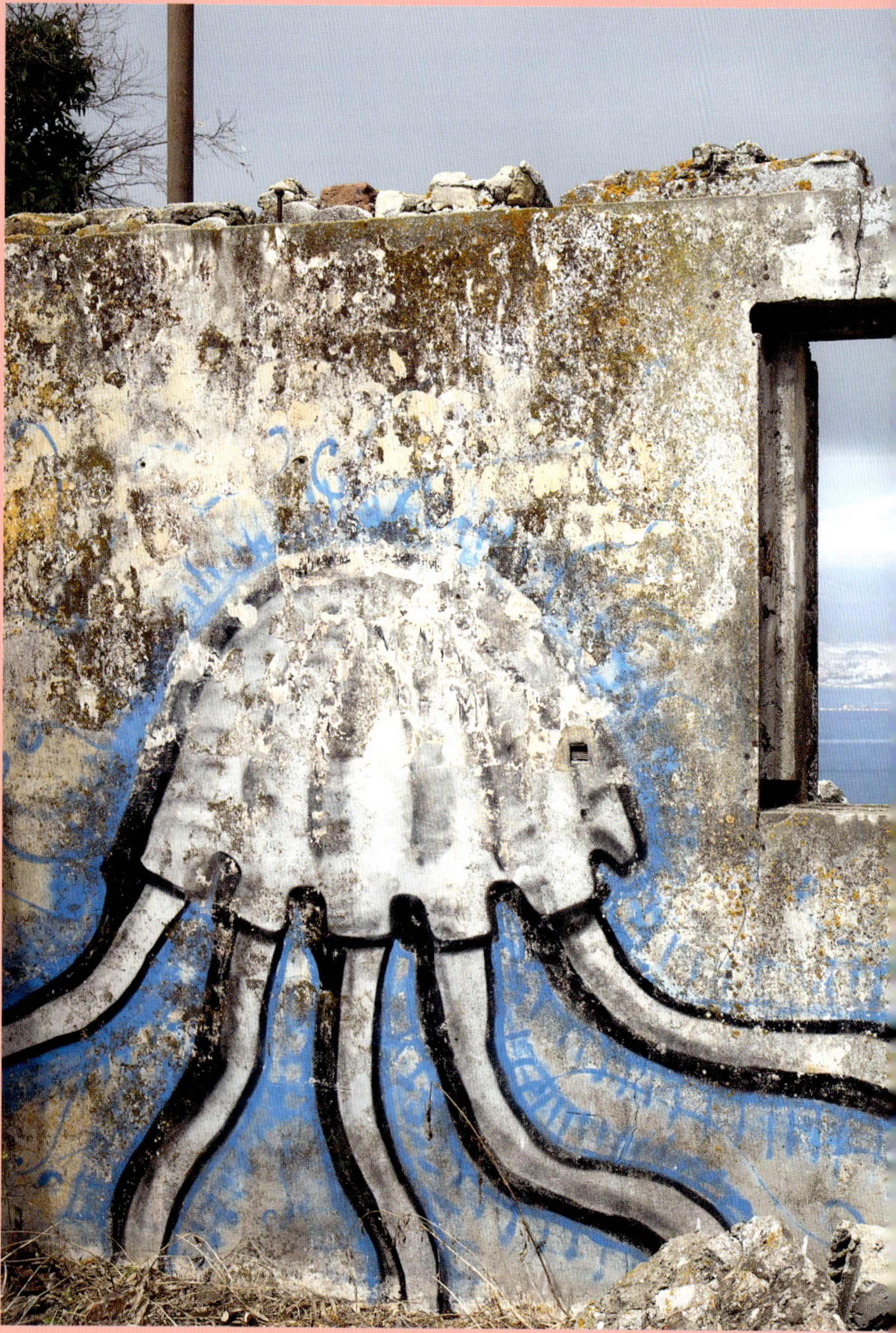

Gibraltar, 2017

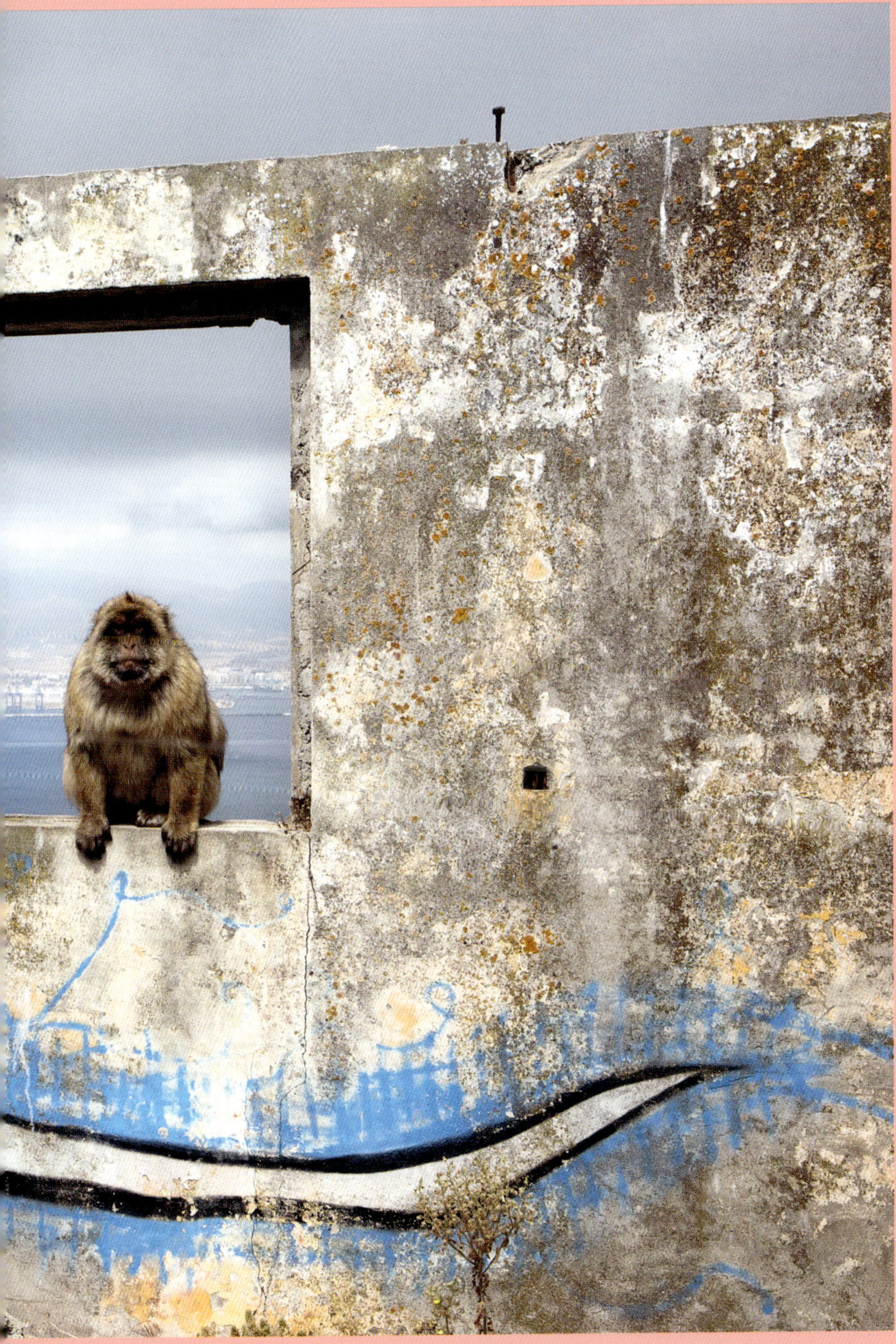

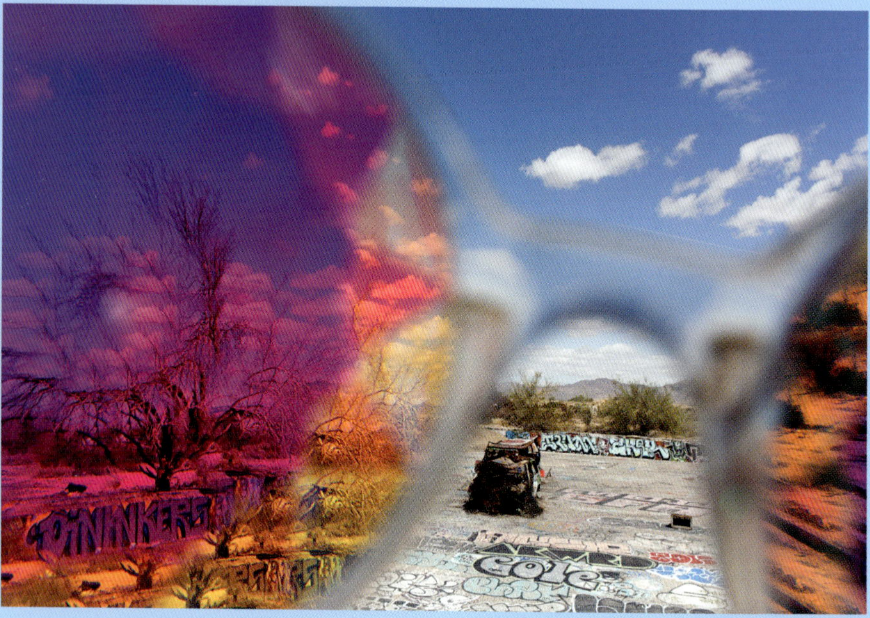

Slab City, California, 2018

Kapitel 18

# HORIZONT ERWEITERN

## Seien Sie Street-Fotograf – überall!

Sie können um den halben Globus fliegen, in eine völlig fremde Umgebung eintauchen und dennoch Bilder machen, die dem Ethos und den Ansätzen der Street-Fotografie entsprechen.

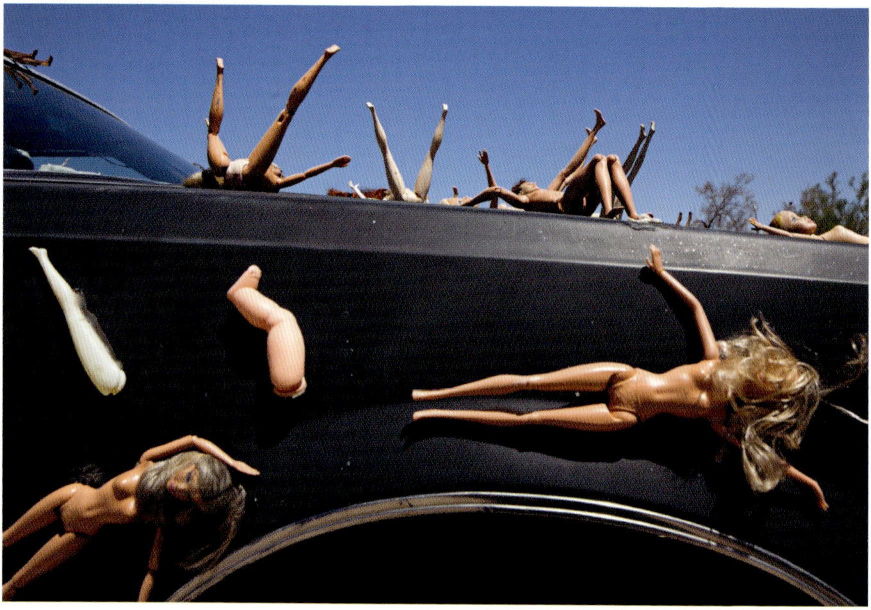

Slab City, 2018

Die Street-Fotografie ist und bleibt meine erste Liebe – stundenlang die Füße auf Gehwegen breittreten, mit der Kamera um den Hals, immer auf der Suche nach merkwürdigen Begebenheiten mitten in Menschenmassen. Ich mache keinen Hehl daraus, dass ich das für mich selbst mache, nicht für andere. Ich fühle mich nicht unter demselben Druck, unter dem ein Dokumentar- oder Pressefotograf stehen muss, obwohl

**»Fotografieren … abseits der üblichen Straßen … dreht sich mehr um die Menschen und den Ort, fast wie in einer Dokumentation.«**

ich natürlich fasziniert bin von dem, wer, warum und was wir sind. Mich treibt die Neugier auf Menschen. Das ist auch der Grund, warum ich den weiten Weg in die Sonoran-Wüste in Südkalifornien gereist bin, wo ich mein Projekt »Slab City« umgesetzt habe.

Die 1942 vom US-Militär als Kaserne für das Marine Corps errichtete Anlage ist zwar eine selbsternannte Stadt, aber in Wirklichkeit ein extrem heißes (38°C) Hausbesetzerlager. Weil sie so klein ist, lernt man jeden kennen. Das habe ich auf jeden Fall getan, denn ich bin gesellig und wollte die Menschen kennen lernen, die diesen Ort ihr Zuhause nennen.

An einem Ort wie Slab City, abseits der üblichen Straßen, geht es bei den Aufnahmen mehr um die Menschen und den Ort, fast im Sinne einer Dokumentation. Obwohl ich spontane Momente einfing, konnte ich eine tiefere Verbindung zu meinen Motiven aufbauen, weil ich dort über einen längeren Zeitraum – etwa vier Wochen – in meinem Wohnmobil wohnte. Ich machte Porträts von Bewohnern in der Landschaft und fotografierte die Umgebung, aber auch

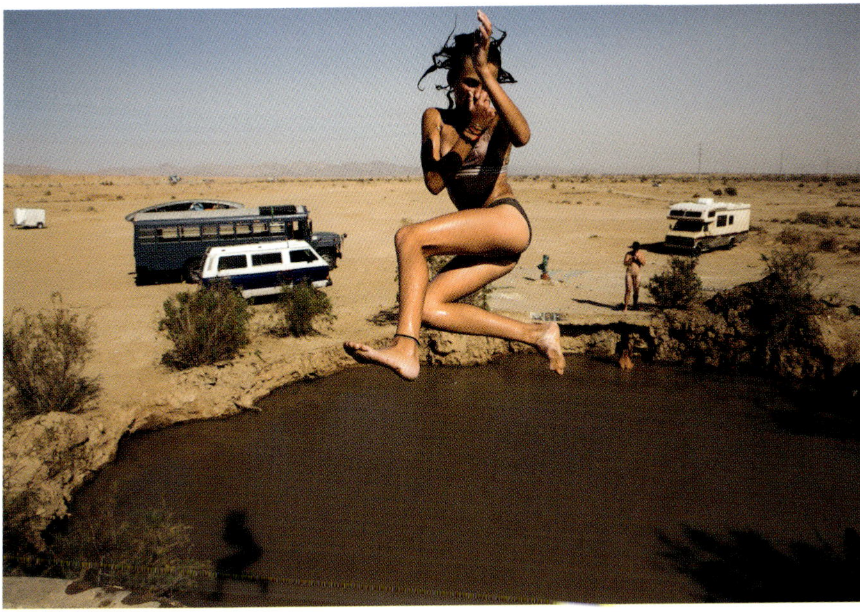

Slab City, 2018

spontane Aufnahmen wie das Bild eines Mädchens, das in einen großen Schlammpool springt, ein Moment wie in der Street-Fotografie.

Bei den Arbeiten ging auch darum, einen dokumentarischen Ansatz zu wählen, aber die Mentalität eines Straßenfotografen beizubehalten.

Ich habe Slab City als einen seltsamen Ort empfunden. Es gibt keine richtige Wasserversorgung, keinen Strom und keine sanitären Anlagen. Es ist sehr anarchisch und ziemlich gefährlich, aber auch sehr interessant. Street-Fotografie ist fantastisch, aber die Beziehungen, die man zu den Menschen hat, sind meist flüchtig. Man sieht sie an, findet sie irgendwie attraktiv, macht das Foto und geht weiter. Auf dieser Reise wollte ich Zeit mit den Menschen verbringen und sie verstehen. Ich wollte Bilder machen wie auf der Straße, aber mit etwas mehr Tiefgang. Auf jeden Fall, konnte ich nicht einfach auftauchen und anfangen zu fotografieren, ohne mich vorzustellen. Das wäre nicht gut angekommen. Es gab ein paar Tage, an denen ich nicht einmal meine Kamera in die Hand nahm – ich lernte einfach die Bewohner kennen.

**»Es ist möglich, einige der Arbeitsweisen eines Street-Fotografen auf völlig andere Umgebungen zu übertragen.«**

Was ich damit sagen will, ist, dass es möglich ist, einige der Arbeitsweisen eines Street-Fotografen auf völlig andere Umgebungen zu übertragen. Bei der Street-Fotografie geht es darum, Menschen und Orte zu zeigen, und das kann man überall tun, auch wenn keine Fußwege in Sicht sind.

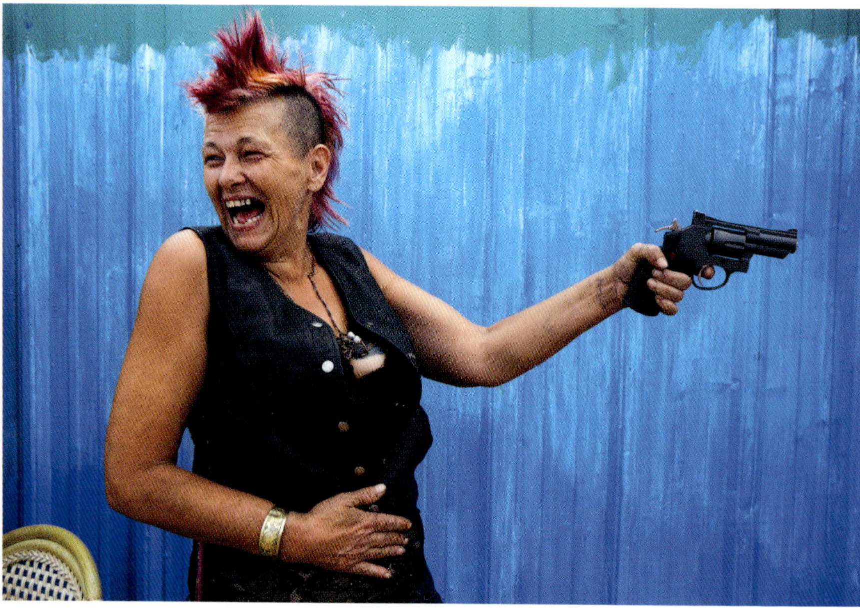

Slab City, 2018

## PROBIER'S

Fotografiere deine Familie in einem unbeobachteten Moment, wie ein Street-Fotograf. Zeige ihre Tränen, Stürze, Unfälle und Ärgernisse ebenso wie die Freuden und Triumphe.

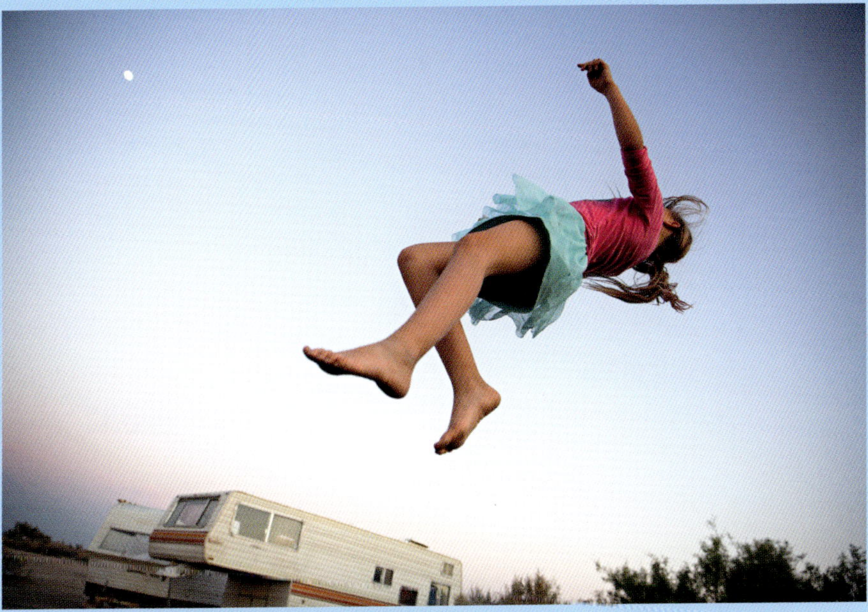

Slab City, 2018

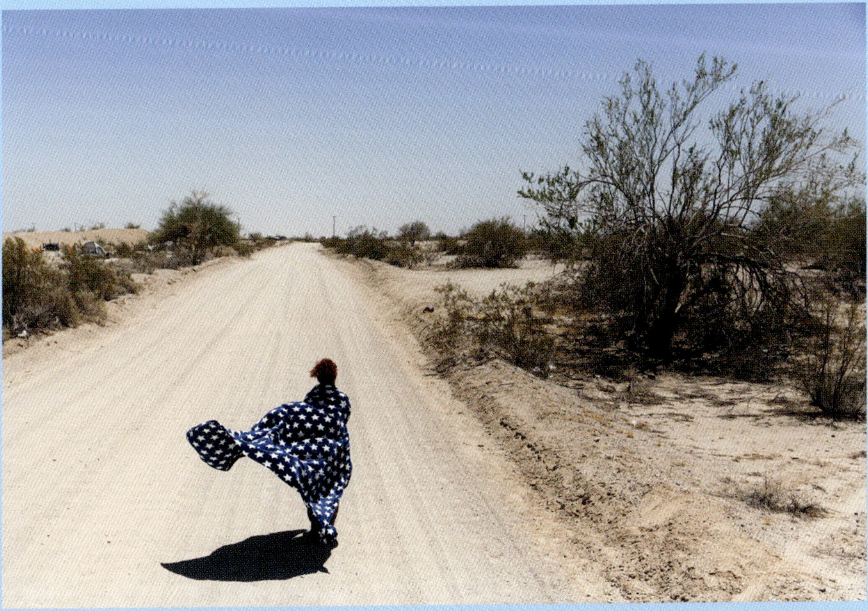

Slab City, 2018

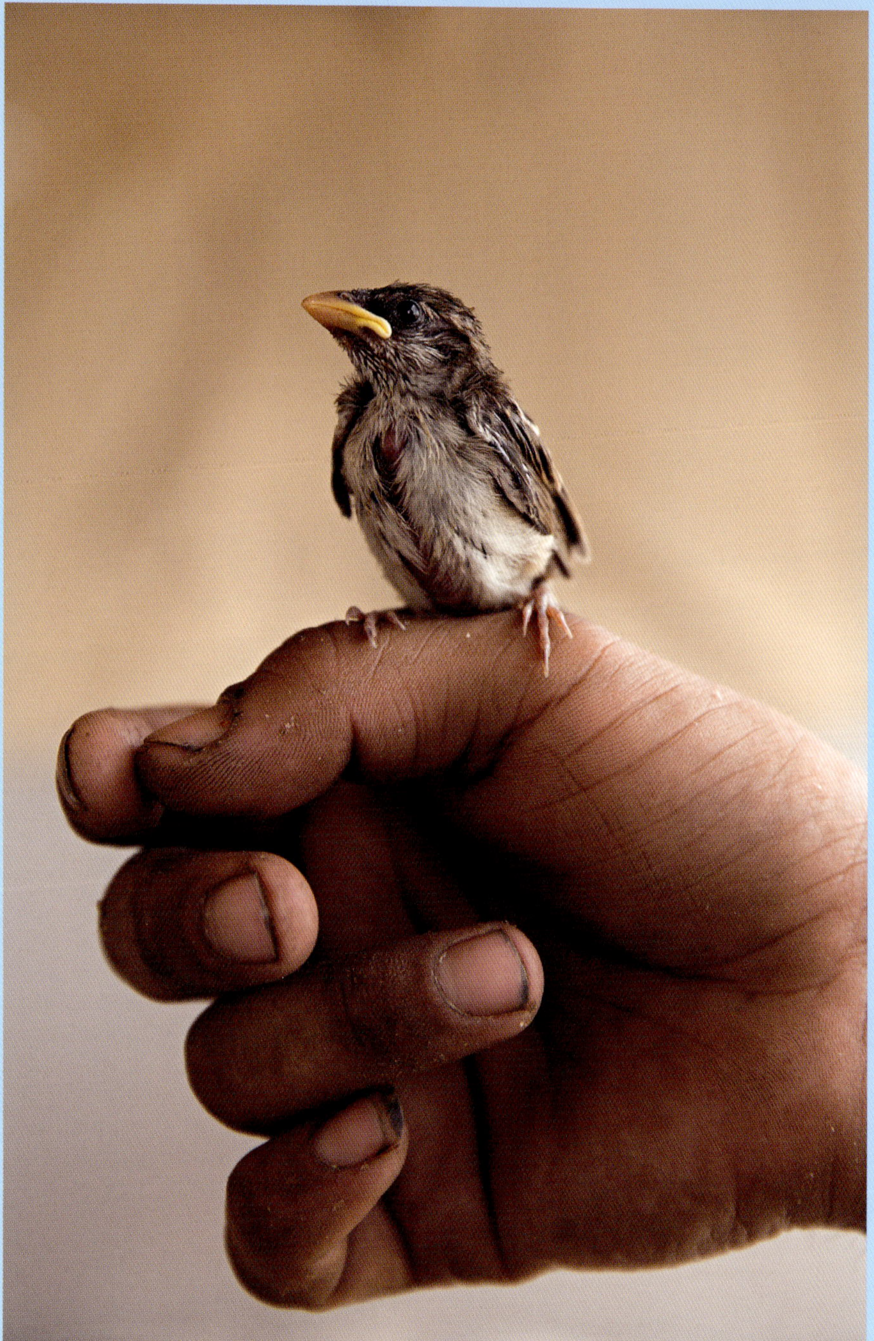

Slab City, 2018

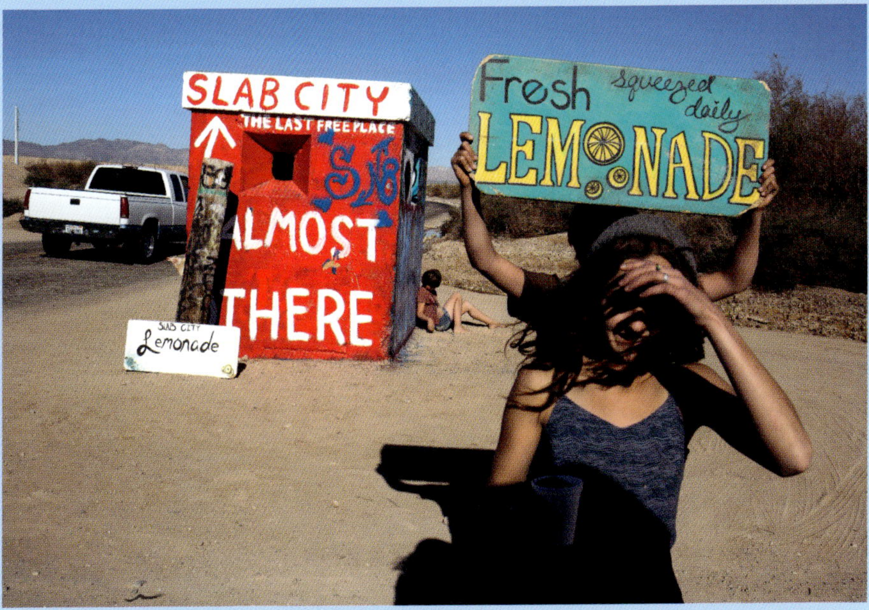


Slab City, 2018

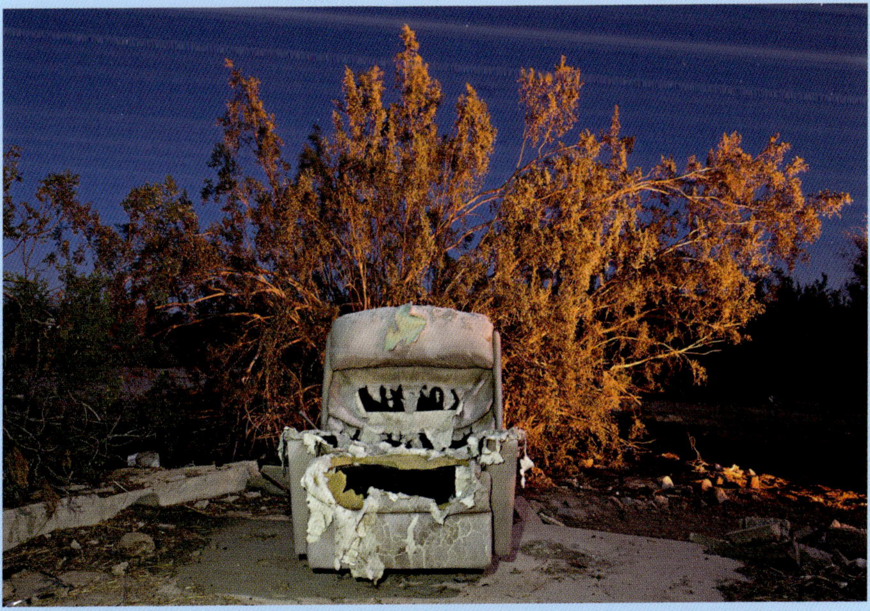

Slab City, 2018

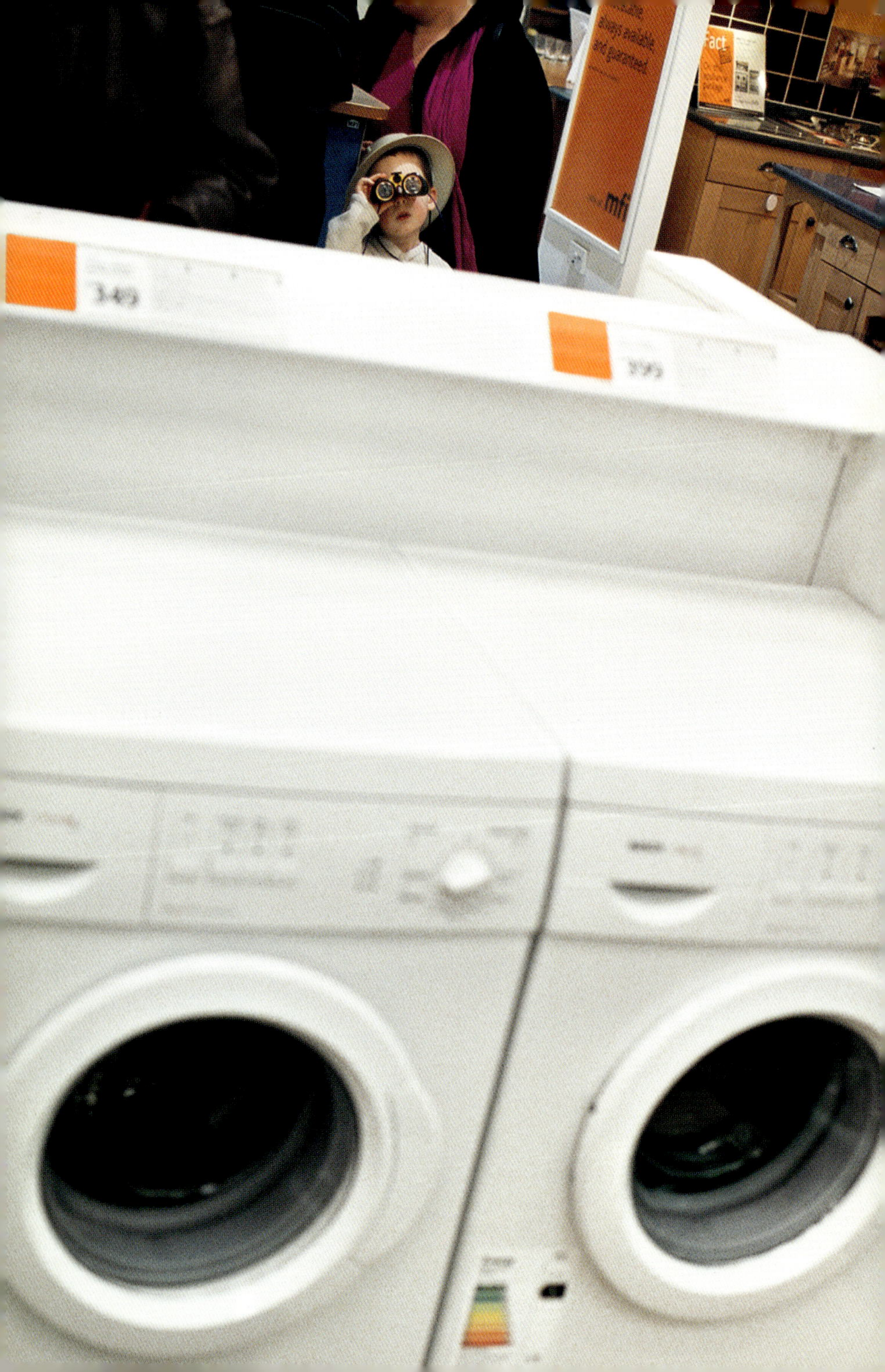

Kapitel 19

# IHRE EIGENE SICHT

## Nichts ist entschieden oder steht fest … bis Sie sich festlegen

Entscheidend ist, eine Möglichkeit zu finden, wie Ihre Bilder Sinn ergeben und wie sie miteinander funktionieren. Sie finden Verbindungsstücke – und seien sie noch so spitzfindig – indem Sie sequenzieren.

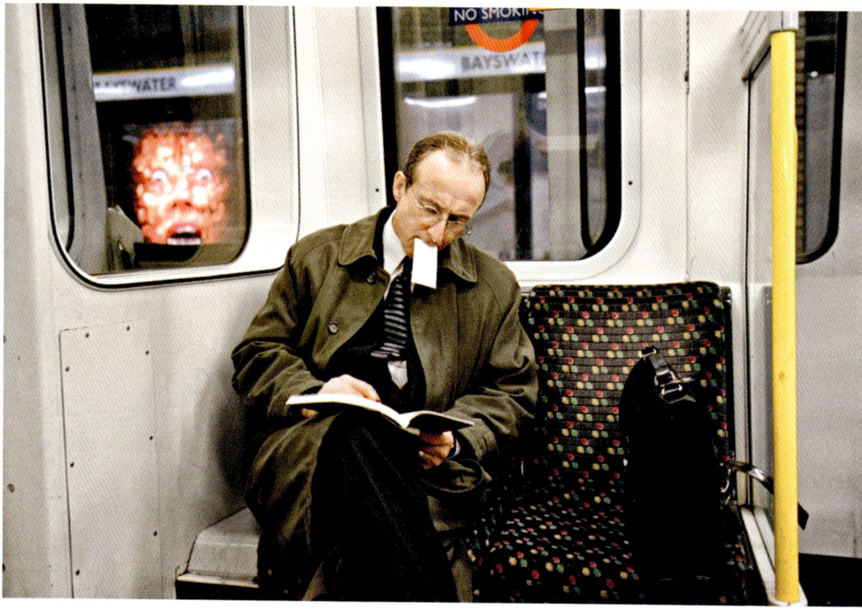

**Seite 118** Luton, 2002 **Oben** U-Bahn-Station Bayswater, London, 2004

Wenn es bei der Street-Fotografie um Einzelbilder geht, wie entscheiden Sie, welche die »besten« Aufnahmen sind und welche sich in der Sequenz mit anderen am besten machen? Ich räume wohl als Erster ein, dass das wie ein zeitraubender Zauberwürfel ist für den es keinen universellen Lösungsansatz gibt.

Für mein Buch *All That Life Can Afford* (2016) mit dem Buchdesigner und Herausgeber Stuart Smith quälte ich mich ich zwei Jahre, welche Bilder wo hinkommen sollten. Ich kombinierte scheinbar passende Bilder, nur um am nächsten Tag festzustellen, dass es nicht funktionierte. Ich wollte sicherstellen, dass jedes Bild in das Buch kommt, weil es für sich genommen ein starkes Bild ist, aber auch die Resonanz zwischen den Bildern war mir wichtig.

Was ich von Stuart gelernt habe, ist, dass das erste Bild den Betrachter in den Rest des Buches führen sollte. Übrigens gilt der folgende Ratschlag für alles, was Sie veröffentlichen: Beginnen Sie stark und enden Sie stark. Menschen neigen, sich am leichtesten an die ersten und letzten Punkte einer Liste zu erinnern und die in der Mitte zu vergessen. Wenn Sie diesen Effekt als Diagramm betrachten, sehen

**»Der folgende Ratschlag gilt für alles, was Sie veröffentlichen: Beginnen Sie stark und enden Sie stark.«**

Sie, dass er wie ein Lächeln ist – hoch am Anfang, abfallend in der Mitte und hoch am Ende. Diese Logik lässt sich auch auf eine Bildfolge anwenden: Da die Bilder am Anfang und am Ende am ehesten im Gedächtnis bleiben, sollten Sie dafür sorgen, dass es gute Bilder sind – der Schlüssel für jede gute Bearbeitung.

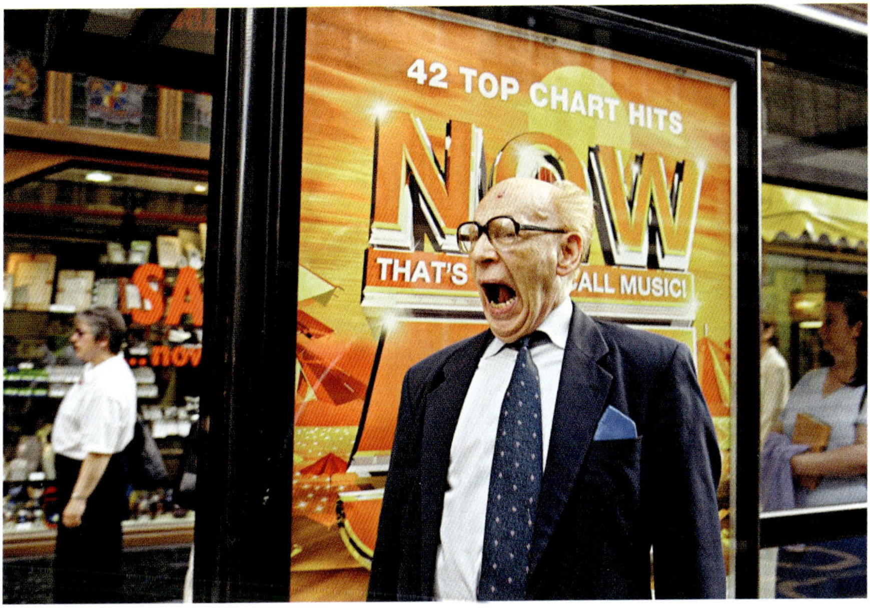


High Holborn, 2003

Ich finde, es gibt nur einen Weg, Bilder anzuordnen, und das ist, sie auszudrucken und auf dem Boden, der Wand oder dem Tisch neu zu sortieren. Wenn Sie glauben, dass Sie die Bilder am Computer bearbeiten können, machen Sie sich etwas vor. Sie müssen die Bilder physisch verschieben, sie berühren, sie nebeneinander und sogar übereinander legen. In einem Buch führt eine Seite zur nächsten und die »Wärme« eines Bildes hinterlässt ihre Spuren auf der folgenden Seite.

Stuart und ich verwendeten verschiedene Kriterien, um Bilder miteinander zu verbinden, von Farben und Formen bis hin zu Wetter und Gesten. Ich betrachte diese Sequenzen als Sätze oder Phrasen. Man könnte eine Reihe von vier Bildern erhalten, die durch eine bestimmte Geste verbunden sind, und dann eine »Pause«, in der ein Bild ohne offensichtliche Verbindung zum vorherigen den Fluss kurzzeitig unterbricht. Und dann fängt man wieder an. Sie suchen nach allen möglichen Verbindungselementen, die den Übergang von einem Bild zum nächsten sanft gestalten oder ihn absichtlich stören. Manche sind subtil, andere offensichtlicher, manche völlig verrückt. Aber das Einzige, was zählt, ist, dass für Sie Sinn ergeben. Zuweilen entsteht der Eindruck, diese Bearbeitung hätte etwas Mystisches, aber das ist ganz simpel. Sie müssen es mögen.

**»Sie müssen die Bilder physisch verschieben, sie berühren, sie nebeneinander und sogar übereinander legen.«**

Hier ist ein Beispiel. Die Verbindung zwischen den Bildern gegenüber und oben ist ziemlich eindeutig – Sie haben ein verängstigtes Gesicht und ein verängstigtes Gesicht. Ein weiteres Beispiel ist die Ver-

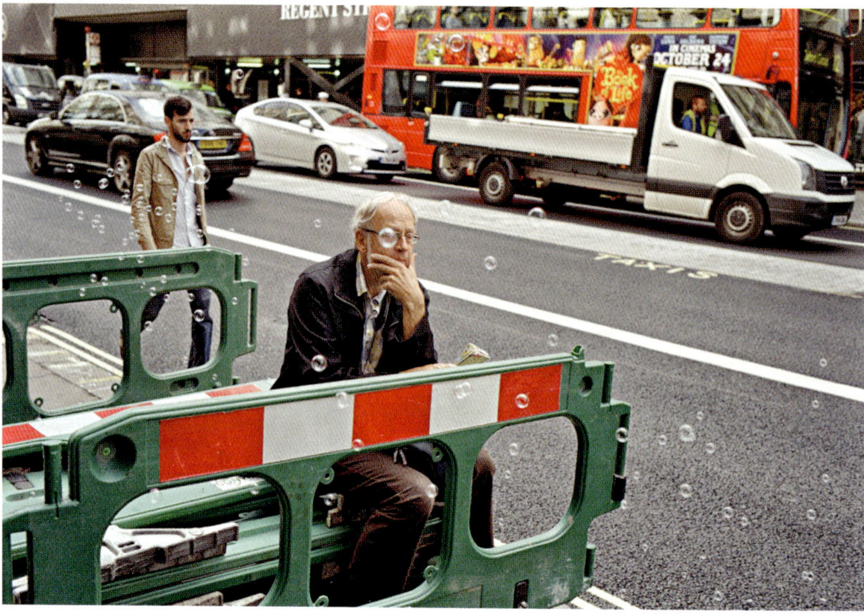


Regent Street, London, 2014

bindung zwischen den Bildern auf dieser Seite – der Mann mit der Blase über seinem Auge und die drei Frauen mit Perücken. Das

**»Zuweilen entsteht der Eindruck, diese Bearbeitung hätte etwas Mystisches, aber das ist ganz simpel.«**

Rot ist eine offensichtliche Verbindung, und die Kreise schwingen von einem Bild zum nächsten mit, wobei die Scheiben in der Schaufensterauslage ein Echo der Seifenblasen sind. Damit kann man eine Menge Spaß haben.

Aber hüten Sie sich davor, das Bild so zu bearbeiten, dass es den Betrachter bevormundet, indem Sie das Offensichtliche behaupten: »Oh, sieh mal, da liegt eine Person und im nächsten Bild auch!« Es geht nicht nur darum, ähnliche Dinge zusammenzubringen. Bilder in eine Reihenfolge zu bringen, kann weitaus kopflastiger sein, als einfach nur Farben zuzuordnen. Manchmal gibt es etwas Ungreifbares in einem Bild, das für das nächste Bild einen Sinn ergibt, und das ist genauso möglich wie eine sich wiederholende Form. Es geht beim Anordnen der Bilder eher darum, die Abfolge natürlich entstehen zu lassen und der Versuchung zu widerstehen, die Bilder in ein vorgefertigtes Konzept zu pressen. Fragen Sie sich also bei jeder Bearbeitung, an der Sie arbeiten – ob für eine Website, einen Instagram-Feed, ein Buch oder eine Ausstellung – immer: »Warum steht dieses Bild neben jenem?« Und ändern Sie, bis es sich richtig anfühlt.

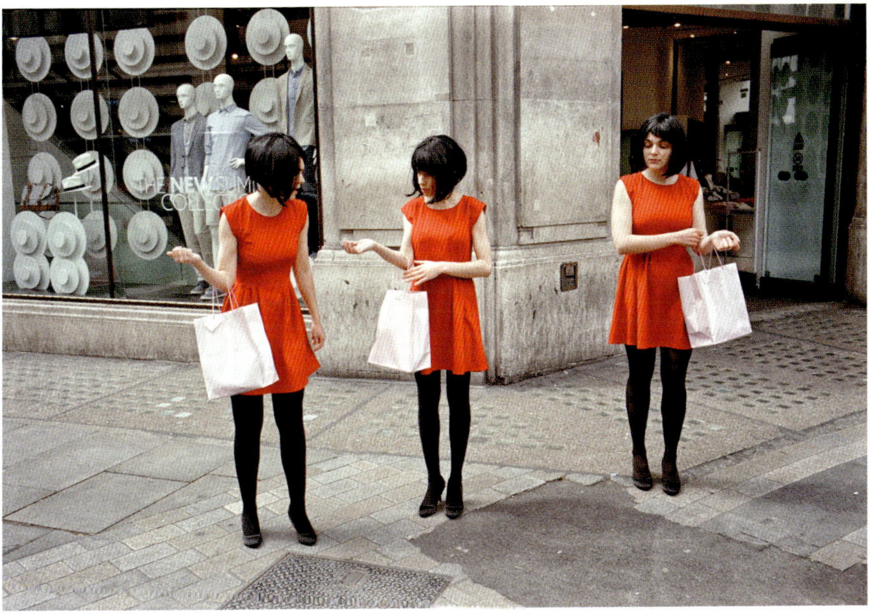

Regent Street, London, 2014

## PROBIER'S

Drucke deine Fotos aus. Versuche, sie nach Farbe, Wetter, Form, Größe des Motivs, Ort und Tageszeit zu sortieren. Schau, was bei jedem Kriterium mit ihnen passiert.

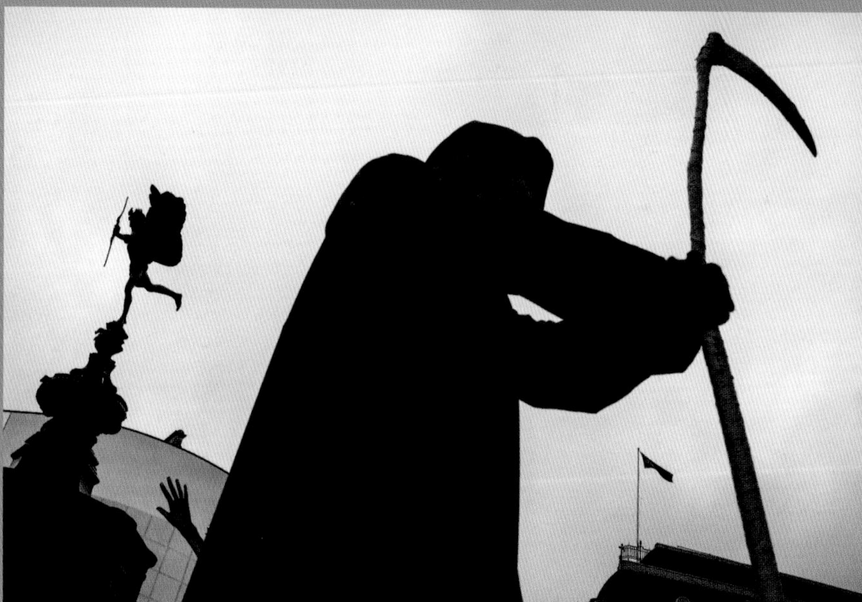

Kapitel 20

# DAS LETZTE WORT

## Bleiben Sie dabei – wir sehen uns auf der Straße!

Wenn es Ihnen ernst ist mit den Bildern, müssen Sie weitermachen und besser werden. Die einzigen Grenzen sind Ihre eigenen!

Ich will es nicht verharmlosen: Street-Fotografie ist nicht einfach. Kein Spaziergang. Doch wenn sie funktioniert, wenn sich die Sterne ausrichten, dann gibt es nichts Schöneres. Und für diesen Moment leben wir Fotografen.

Wenn es Ihnen mit dem Fotografieren ernst ist, wenn es wirklich das ist, was Sie tun wollen, müssen Sie weitermachen und danach streben, immer besser zu werden. Suchen Sie nicht nach Ausreden oder errichten Sie keine Hindernisse für sich selbst; lassen Sie sich nicht von Selbstzweifeln oder Angst leiten. Die einzigen Grenzen sind die, die Sie sich selbst auferlegen. Wenn Sie sich mit Ihrer Kamera in diese große weite Welt begeben, in der Sie nicht wissen, was passieren wird, und nicht wissen, was Sie fotografieren werden, können Sie genauso gut für alles offen sein und sich auf alles einlassen.

Hören Sie nicht auf die Neinsager, die behaupten, dass die Street-Fotografie habe ausgedient, dass alles schon einmal gemacht wurde oder dass es keinen Sinn hat, weil jetzt jeder fotografiert, weil jeder eine Kamera auf seinem Handy hat und sie immer dabei ist. Es wird immer einen Platz für die Straßenfotografie geben, für das großartige Sehen und Aufnehmen des Lebens, weil das Endergebnis so lebendig und lebensbejahend ist: Es ist ein Weg, uns selbst als Menschen zu verstehen. John Szarkowski schrieb über seinen Fotografenkollegen Garry Winogrand, dass sein Ziel »nicht darin bestand, gute Bilder zu machen, sondern durch die Fotografie das Leben zu erkennen«.

**»Wenn es Ihnen mit dem Fotografieren ernst ist, wenn es wirklich das ist, was Sie tun wollen, müssen Sie weitermachen und danach streben, immer besser zu werden.«**

Wir müssen in der Street-Fotografie immer wieder neue Anstöße geben, die eine neue Sichtweise erfordern und dafür sorgen, dass wir nicht immer nur das gleiche alte Zeug abliefern. Vergessen Sie also alles, was Sie gesehen haben, und konzentrieren Sie sich auf das, was Sie fühlen. Wenn Sie sich dafür öffnen und mit der Straße eins werden, wird alles lebendig und Sie beginnen, überall Bilder zu sehen, die Sie und deine Gefühle repräsentieren, ob sie nun glücklich oder traurig sind.

Wie ich bereits zu Beginn dieses Buches sagte, ist die Street-Fotografie ein Privileg. Eine Kamera ist eine Einladung, mehr am Geschehen teilzuhaben, näher heranzukommen, und das ist der Grund, warum Menschen gerne fotografieren – es ist ein Grund, irgendwo zu sein, oder einfach ein Grund für das Dasein.

Wenn ich wüsste, wie man ein großartiges Straßenfoto macht, würde ich es Ihnen sagen, aber die Wahrheit ist, dass ich es nicht weiß. Ich kann nur weitergeben, was ich fühle, denke und tue, und ich hoffe, das ist auf diesen Seiten gelungen.

Was mich dazu bringt, dies zu tun? Die ständige Entdeckung. In erster Linie ist es, weil ich gerne unterwegs bin. Ich interessiere mich dafür, wie wir sind und was wir tun. Ich bin neugierig und mag es, Menschen zu beobachten und darüber nachzudenken, was es bedeutet, zu existieren; ich bin Existentialist.

Das hält mich auch gesund. Ich gehe den ganzen Tag raus und laufe herum, fast jeden Tag. Ich sitze nicht am Schreibtisch. Gelegentlich mache ich Auftragsarbeiten, aber eigentlich tue ich alles, was ich kann, um meinen Lebensunterhalt zu verdienen, einschließlich Bilder verkaufen und Workshops geben. Damit wird man zwar finanziell nicht reich, aber es kann einen geistig reich machen (Augenrollen!). Es ist keine schlechte Art, seine Tage damit

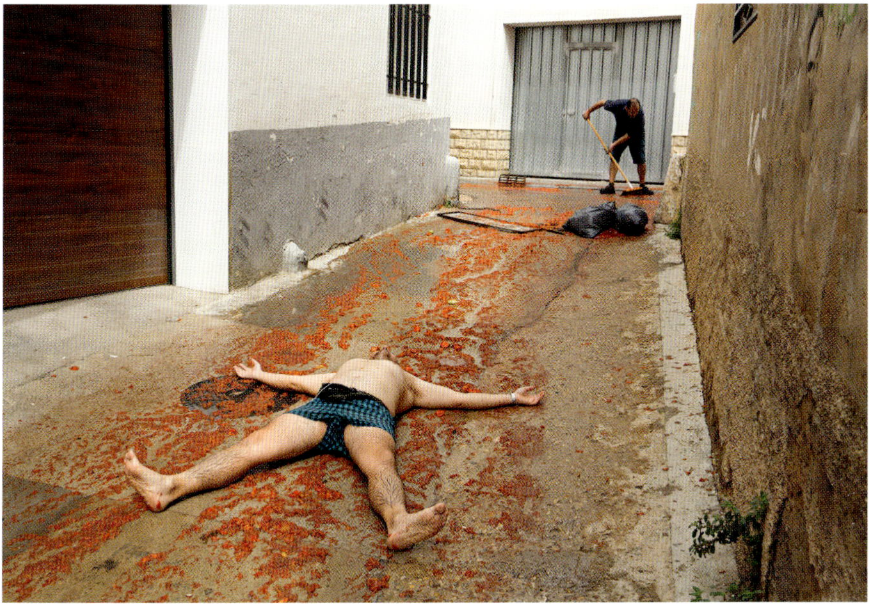

**Seite 124** Piccadilly Circus, London, 2018 **Oben** Buñol, Spanien, 2017

zu verbringen, hinauszugehen, Dinge über Menschen zu erfahren und zu versuchen, diese Dinge einzufangen. Ich glaube, das ist körperlich und geistig sehr gesund. Die Street-Fotografie hilft mir nicht nur dabei, darüber nachzudenken, wie wir als Menschen auf Dinge reagieren, sondern auch darüber, wie ich auf Dinge reagiere – wie gehe ich damit um, wenn das passiert? Ich lerne daraus. Ich versetze mich in Situationen, die ich als schwierig empfinde oder die eine Reihe von Emotionen auslösen, und versuche zu untersuchen, wie ich mich dabei fühle. Letztendlich machen Sie das für sich selbst, wenn Sie es also für jemand anderen machen, fangen Sie mit dem falschen Fuß an.

**»Wenn Sie sich mit Ihrer Kamera in diese große weite Welt begeben, in der Sie nicht wissen, was passieren wird, und nicht wissen, was Sie fotografieren werden, können Sie genauso gut für alles offen sein und sich auf alles einlassen.«**

Ich liebe es, Bilder zu machen, insbesondere den Akt des Fotografierens. Das Engagement, das Gefühl, das Beteiligtsein ist für mich viel wichtiger als das »Erhalten«. Wenn das Bild gut ist, ist das ein Bonus. Wenn es nicht gut ist, ist es eben so. Das Vergnügen am Fotografieren ist hundertmal lohnender als das Foto selbst. Kaufen Sie also ein gutes Paar bequeme Schuhe, tragen Sie die Kamera immer um den Hals, halten Sie die Ellbogen ein, seien Sie geduldig und optimistisch, und vergessen Sie nicht zu lächeln.

# DANK

Ich möchte mich bei den folgenden Personen bedanken: meiner Partnerin Suzanne für ihre Liebe, ihren Enthusiasmus und dafür, dass sie mich ertragen hat; meinen Eltern David und Susan und meinem Bruder Adam, die meine größten Bewunderer und Kritiker sind; Gemma Padley, Fotoautorin und Redakteurin, die geduldig meine Worte in Schriftform verwandelt hat; John Parton, Auftragsredakteur bei Laurence King, der die Idee für das Buch hatte; Blanche Craig, Senior Editor, die alles organisiert hat; Derren Brown, Magier und Straßenfotograf, für sein ermutigendes und enthusiastisches Vorwort; Blake Andrews, Narelle Autio, Jared Iorio, Richard Kalvar, Jesse Marlow, Joel Meyerowitz, Cole Orloff, Trent Parke, Martin Parr und Gus Powell für ihre Freundschaft und ihren Rat.

Und schließlich möchte ich mich bei Leica Kameras für ihre unermüdliche Unterstützung und ihre unglaublichen Kameras bedanken.

**Matt Stuart nutzt eine Leica M, meist mit 35-mm-Objektiv.**

# DER AUTOR

Matt Stuart hat schon immer gerne Menschen beobachtet, sehr zum Verdruss seiner Lehrer und Arbeitgeber, die fanden, dass seine Aufmerksamkeit oft woanders lag. Dann entdeckte er in seinen frühen Zwanzigern die Fotografie, die es ihm ermöglichte, seine eigenen Themen zu wählen und seine eigenen Entscheidungen zu treffen. Seitdem ist er bei Kunden und Fotografen auf der ganzen Welt gefragt, die seine authentische Sicht auf das Leben in seinen Online-Kommentaren, Büchern, Ausstellungen und inspirierenden Workshops genießen.

Sein Humor und seine Großzügigkeit gegenüber anderen Fotografen sind stets spürbar. Sein erstes Buch, *All That Life Can Afford* (2016), zeigt die fotografischen Ergebnisse seines 20-jährigen Lebens und Arbeitens in London. Sein zweites Buch *Into the Fire* (2020) ist ein Porträt eines alternativen Camps namens »Slab City« in der Sonoran-Wüste in Kalifornien. Dieses Buch erklärt den Lesern, wie sie die Einstellung und Ausdauer entwickeln können, die notwendig sind, um außergewöhnliche Fotos zu machen.

Matt lebt mit seiner niederländischen Partnerin Suzanne in den Niederlanden und hat drei Söhne – Oscar, Max und Felix.

www.mattstuart.com
www.instagram.com/mattu1/
www.mapsimages.com